Python desde el laboratorio

Registros, archivos y programación dinámica

Teodoro Córdova Neri y Sara Arana Torres

Python desde el laboratorio
Registros, archivos y programación dinámica

© Teodoro Córdova Neri y Sara Arana Torres

Derechos reservados © Empresa Editora Macro EIRL, Lima – Perú
Primera edición: Empresa Editora Macro EIRL, Lima – Perú, julio de 2023

Primera edición: MARCOMBO, S.L. 2024

© 2024 MARCOMBO, S.L.
www.marcombo.com

Ilustración de cubierta: Jotaká

ISBN: 978-84-267-3768-7
D.L.: B 1501-2024

Impreso en Servicepoint
Printed in Spain

Libro ecológico

Impreso con papel procedente de bosques gestionados
de manera eficiente, libre de cloro.

Teodoro Córdova Neri, MSc

Director del Instituto de Ingeniería de Software (IISOFT), del Departamento Académico de Ingeniería de Sistemas y del Instituto de Sistemas UNI (FIIS). Egresado del doctorado en la especialidad de Ingeniería de Sistemas por la Universidad Nacional de Ingeniería. Magíster en Ingeniería de Sistemas y docente investigador en la Facultad de Ingeniería Industrial y de Sistemas de la Universidad Nacional de Ingeniería desde el año 1984.

Es consultor en tecnologías de la información en entidades públicas y privadas y ha sido jefe de proyectos públicos en el Banco de la Nación y en la Municipalidad Metropolitana de Lima. También es autor de textos sobre programación de nivel universitario, como *Lenguaje de programación estructurada y sus aplicaciones en Borland C++5.02*. *Lenguaje interpretado Python, Sistemas operativos* y *Modelamiento dinámico en Stella.*

Ha participado como expositor en eventos académicos realizados en importantes universidades, como la Universidad de Buenos Aires (UBA) de Argentina, la Universidad de Santiago de Chile (Chile), la Universidad de Sao Paulo (Brasil) y el Instituto Tecnológico y de Estudios Superiores de Monterrey, campus Puebla (México). En Perú, ha sido expositor en la Universidad Peruana Unión, en la Universidad Los Ángeles de Chimbote y en la Universidad Femenina del Sagrado Corazón. Se ha desempeñado como catedrático en las siguientes universidades: Universidad Nacional de Ingeniería, Universidad Católica del Perú, Universidad San Martín de Porres, Universidad Femenina del Sagrado Corazón, Universidad Peruana Unión y Universidad Santiago Antúnez de Mayolo.

Dra. Sara Arana Torres

Docente universitaria y doctora en Ingeniería de Sistemas por la Universidad Nacional Federico Villarreal. Magíster en Gerencia en Estadística e Informática y licenciada en Estadística por la Universidad Nacional de Trujillo. Actualmente es vicedecana de Investigación, directora de posgrado y de la Escuela Profesional de Economía Internacional en la Facultad de Ciencias Económicas de la Universidad Nacional Mayor de San Marcos. Asimismo, es asesora de trabajos de investigación y cuenta con una diversa producción intelectual y científica, como *Estadística en el quehacer cotidiano de profesionales y hombres de a pie* y *Modelo estadístico para determinar la demanda de textos escolares en la ciudad de Trujillo*. Actualmente, ejerce la labor de enseñanza en diversas instituciones, como la Universidad Nacional de Ingeniería, la Universidad Nacional Mayor de San Marcos o la Universidad Ricardo Palma, entre otras.

Índice

Prólogo

«Caminante, no hay camino, se hace camino al andar», dice el poeta. Aquí entregamos un deseo hecho realidad: mostrar un lenguaje de programación muy popular que crece sin límites y de código abierto, casi gratuito, porque hay que trabajar programando en una forma elegante y fácil. Hoy se puede decir, hablando de sistemas, que existe una bifurcación o tenedor (*fork*), pues hay dos caminos: Python 2.x y Python 3.x. Esto no debe desanimarnos, pues ambos nos llevan al mismo destino para poner nuestros prototipos a trabajar lo más pronto posible. Para facilitar este proceso, junto con Python 3 se ha publicado una herramienta automática llamada 2to3. No hay divergencia y estamos en las manos del dictador benévolo de por vida, su inventor Guido van Rossum.

Resumiendo, Python ofrece una gran base de código abierto, bibliotecas y marcos que facilitan el trabajo. Esto se debe al resultado de años de impulso en los que ha sido seleccionado una y otra vez para nuevos proyectos.

Este libro es producto de un arduo trabajo de Teodoro L. Córdova Neri, MSc, mi exalumno en la maestría, que cuenta con estudios de doctorado en Ingeniería de Sistemas en la Universidad Nacional de Ingeniería, y que hace realidad el sueño de un viejo profesor y es pionero en computación en dicha casa de estudios.

Para no cansar más, repetiré lo que los usuarios refieren sobre la filosofía Python, que es casi análoga a la de Unix. Se dice que el código que sigue los principios de legibilidad y transparencia de Python es «pythonico». Contrariamente, el código opaco u ofuscado es bautizado como «no pythonico» (*unpythonic* en inglés). Estos principios fueron famosamente descritos por Tim Peters, desarrollador de este lenguaje de programación, en el zen de Python:

a. Complejo es mejor que complicado.

b. Plano es mejor que anidado.

c. Los casos especiales no son tan especiales como para quebrantar las reglas.

d. Lo práctico gana a lo puro.

e. Frente a la ambigüedad, rechaza la tentación de adivinar.

José Portillo Campbell, MSc, PhD

Introducción

La problemática del procesamiento de datos que se da solo en tiempo temporal o en memoria RAM, donde al finalizar la sesión se pierde todo, ahora se resuelve aplicando la técnica de archivos, que nos permite guardar los datos en memoria externa: USB, cintas, etc.

La técnica de archivos está compuesta por dos tipos: archivos tipo texto y archivos tipo acceso aleatorio. Cualquiera que se use permite grabar el archivo en una unidad externa.

Con los archivos de texto se puede guardar información de texto que puede ser editada en cualquier producto de ingeniería de software: bloc de notas, Word, Excel, etc. En estos archivos, no solo existe el índice, sino que están compuestos por líneas de texto; por tanto, para el procesamiento, se deben usar los punteros de fin de línea (eoln) o fin de archivo (eof). Completadas con estructuras repetitivas, se logrará ejecutar una serie de consultas.

Respecto a los archivos binarios, históricamente, primero se hacía un diseño lógico de registros, el cual consistía en identificar los campos o atributos de los objetos mostrando con claridad su clave primaria (PK), la cual era ampliada para definir la clave foránea (FK) y, finalmente, mostrar el modelo relacional de datos; luego se aplicaban técnicas de archivos para guardar la información. Para definir un archivo binario o de acceso aleatorio, se usa la técnica de serialización conjuntamente con la librería pickle para convertir texto en ASCII; solo la computadora entiende este lenguaje y, para fines de reportes, se usan métodos que lo convierten en forma legible o de texto.

En este caso, el procesamiento de datos es de tipo físico, se consume mucha memoria y, como consecuencia, la computadora será lenta en el procesamiento. Será resuelto cuando se use la técnica de programación dinámica o punteros para utilizar Pilas (LIFO: last in, first out), que significa que el último elemento introducido será el primero en salir. También se puede usar la técnica de colas.

Finalmente, con los archivos se pueden diseñar sistemas de mantenimiento para insertar, modificar y eliminar, entre otros procesos que se realizan diariamente en las actividades informáticas empresariales.

Responsable principal

tcordova@uni.edu.pe

Córdova Neri, Teodoro L.

Universidad Nacional de Ingeniería (UNI)

## Capítulo 1

Cadenas

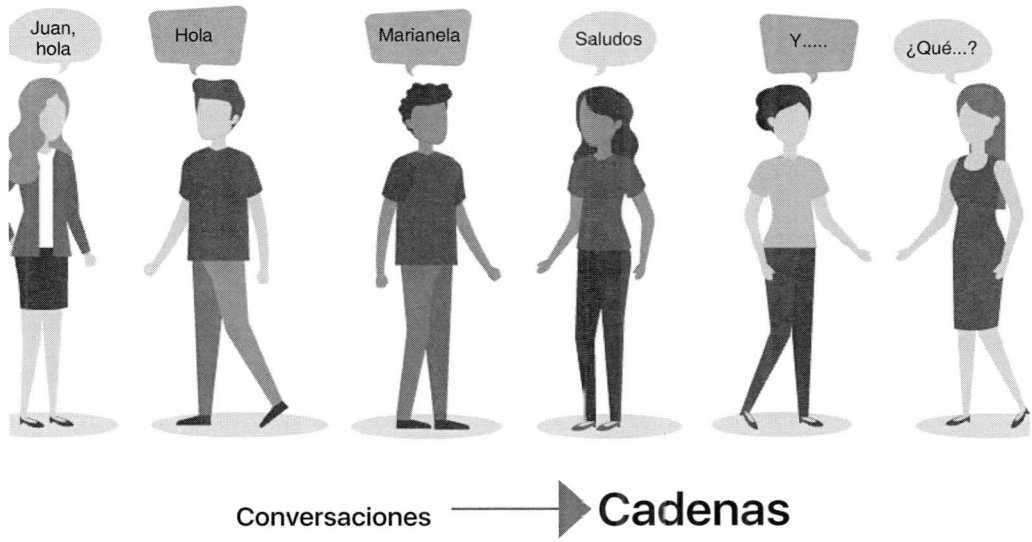

Conversaciones ——▶ **Cadenas**

En este capítulo se ofrecerá una rápida introducción a las técnicas de manipulación de cadenas de caracteres (o strings) en Python. Se darán pautas de cómo manipular cadenas de caracteres, que tienen una estructura especial.

```
proc_canas.cpp

char      cadena [ 40 ];
    cadena  [0]  =  'T';
    cadena  [1]  =  'e';
    cadena  [2]  =  'd';
    cadena  [3]  =  '\0';
```

Una cadena de caracteres, o string, está compuesta por un conjunto de caracteres.

Sintaxis:

Nombre_Cadena "Contenido de cadena"

Ejemplo:

Inicializar una cadena con valor = Luis

> **Cad= 'Luis'**

Las cadenas de caracteres también se pueden indexar, pero los componentes de una cadena de caracteres no se pueden modificar mediante una asignación.

Ejemplo:

> **Cadena= 'universo'**

Sintaxis:

'u'	'n'	'i'	'v'	'e'	'r'	's'	'o'
0	1	2	3	4	5	6	7

Sus elementos van desde 0 hasta n-1.

Acceso a un elemento:

Se puede acceder a varios caracteres o componentes mediante un rango para el índice.

El rango no incluye el extremo derecho especificado.

A continuación, se mostrarán algunos reportes usando el índice de cada elemento.

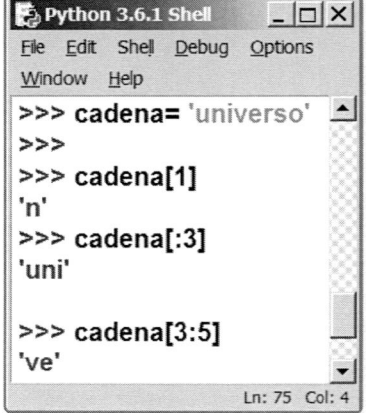

1.1. Longitud

La función len devuelve el número de caracteres de una cadena.

Ejemplo:

Diseñar un programa que permita leer una cadena y, luego, mostrar su longitud.

Solución:

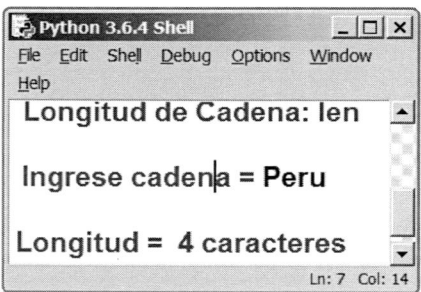

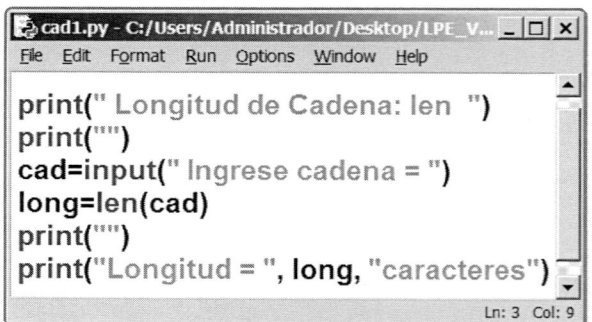

```
print(" Longitud de Cadena: len  ")
print("")
cad=input(" Ingrese cadena = ")
long=len(cad)
print("")
print("Longitud = ", long, "caracteres")
```

1.2. Espacio en blanco (" ")

Ocupa un espacio en la memoria.

Ejemplo:

Programa para leer una cadena y, luego, mostrar su longitud incluyendo el espacio en blanco.

Solución:

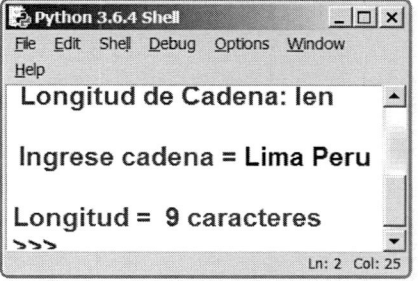
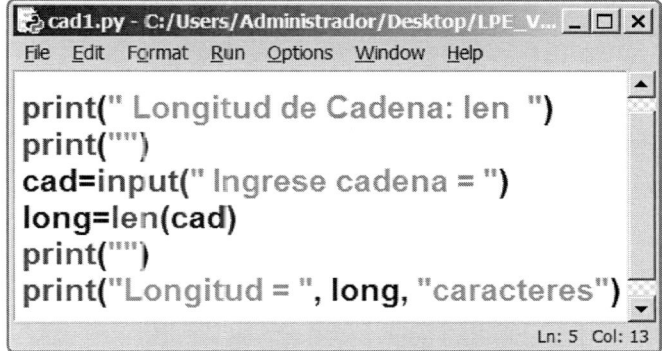

1.3. Recorrido de una cadena

El recorrido se hace a partir del primer índice y hasta el final. Puede usar bucles repetitivos.

Ejemplo:

Diseñar un programa para leer una cadena y, luego, mostrar lo siguiente:

a. Sus elementos.

b. Longitud de la cadena.

Solución:

En la siguiente interfaz se ilustran las consultas respectivas.

```
Python 3.6.4 Shell

Recorrido de Cadenas

Ingrese cadena = Peru

Letra[ 1 ] = P , posición = 0
Letra[ 2 ] = e , posición = 1
Letra[ 3 ] = r , posición = 2
Letra[ 4 ] = u , posición = 3
```

```
*cad_recorr.py - C:/Users/Administrador/Desktop/LPE_Vivar_A...

print(" Recorrido de Cadenas")
print("")
fac=input(" Ingrese cadena = ")
i=0
while(i<len(fac)):
    letra=fac[i]
    print(" Letra[",i+1,"] =",letra,", posición=",i )
    i=i+1
print(" Total caracteres = ",i)
```

1.4. **Concatenar (+)**

Este proceso permite juntar cadenas de caracteres y se realiza mediante el operador de suma (+).

Ejemplo:

Diseñar un programa que permita concatenar las dos cadenas inicializadas:

a. Cad1= "UNI2018"

b. Cad2= "FIIS"

Solución:

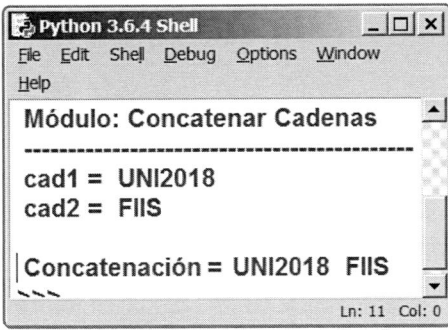

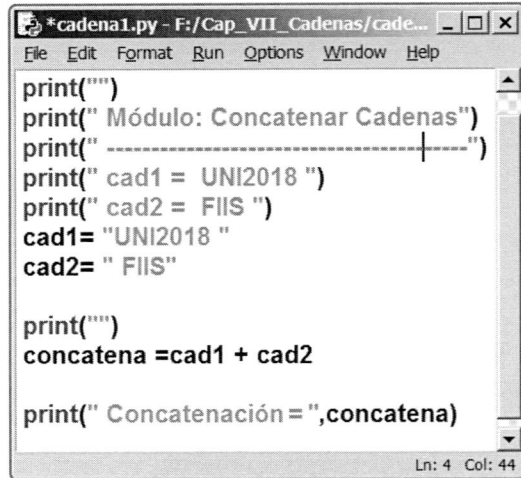

1.5. **Multiplicar (*)**

Para obtener varias copias de una cadena de caracteres se utiliza el operador de multiplicación (*).

Ejemplo:

Diseñar un programa que permita inicializar dos cadenas inicializadas:

a. Cad1= "UNI2018"

b. Cad2= "FIIS"

Para la cadena de caracteres cad1, hay que generar tres copias. Luego, concatenar con cad2.

Solución:

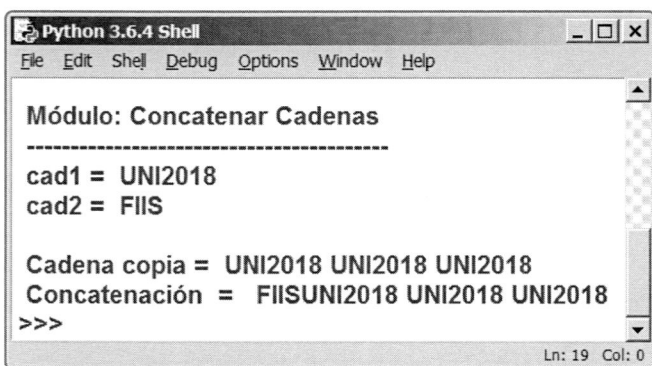

1.6. Añadir

Con frecuencia, se necesita separar palabras o caracteres y, en este caso, se usa el operador en espacio en blanco:

Ejemplo:

' ':cad1= " UNI2018", cad2="FIIS", cad3='' '

Solución:

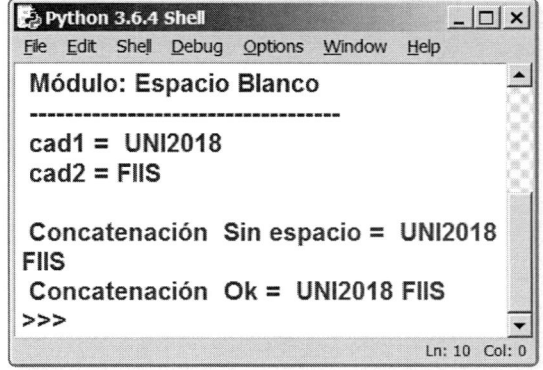

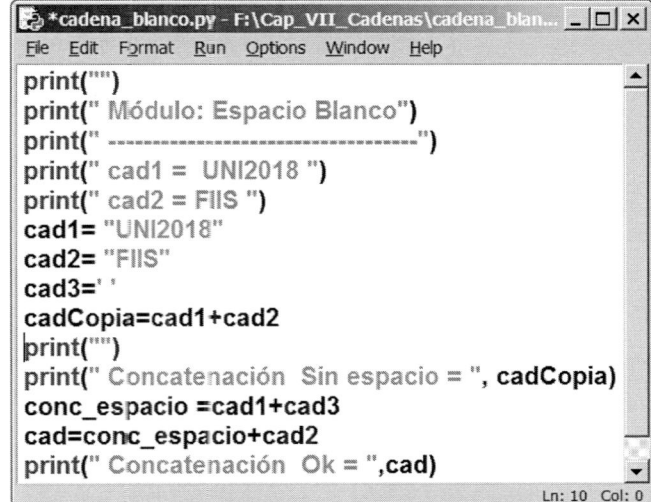

1.7. Extensión

Se determina el número de caracteres en una cadena usando el método len. Los espacios en blanco se cuentan como un carácter.

Ejemplo:

Usando el programa anterior, mostrar la longitud de la cadena.

Solución:

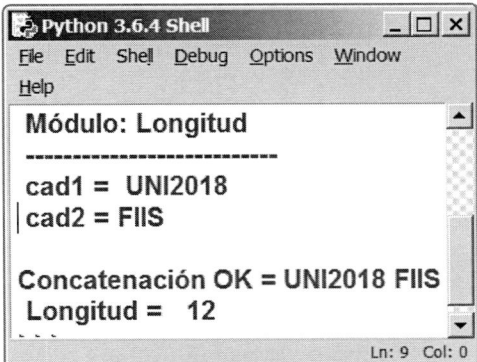

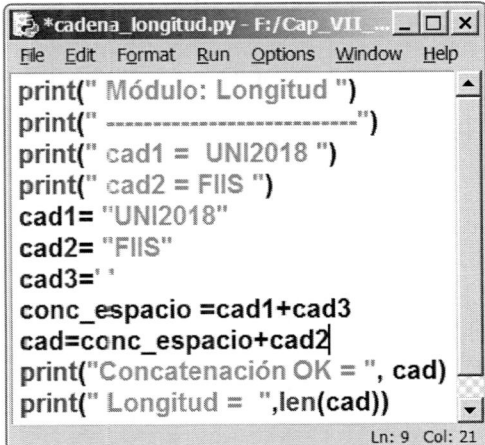

1.8. Encontrar

Se puede buscar una subcadena en una cadena de caracteres utilizando el método find. El programa permite identificar el índice.

Ejemplo:

Diseñar un programa que permita obtener la longitud de una subcadena extraída de la siguiente cadena: cad = "UNI FIIS".

Solución:

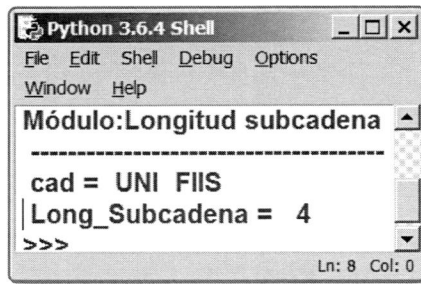
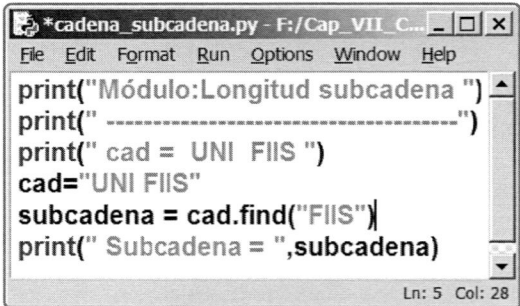

1.9. Minúsculas

Utilizar el método lower para convertir una cadena de caracteres a minúsculas.

Ejemplo:

Diseñar un programa que permita convertir a minúsculas todos los caracteres.

cad=" UNI FIIS"

Solución:

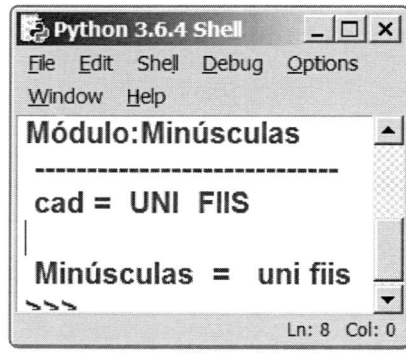
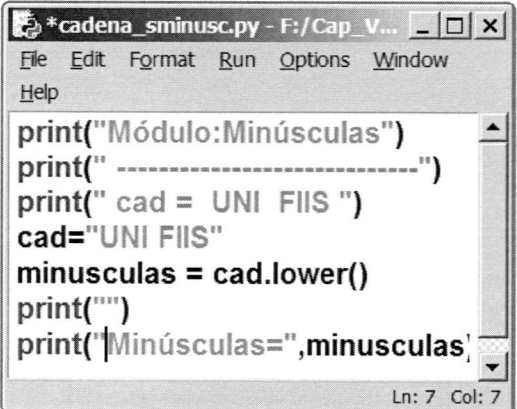

Observación:

Usar el método upper() para convertir minúsculas a mayúsculas.

1.10. **Reemplazar**

Se puede utilizar el método replace para cambiar una subcadena de una cadena.

Ejemplo:

Considerar la cadena UNI 2018 y diseñar un programa que permita cambiar la subcadena "20" por "SISTEMAS".

Solución:

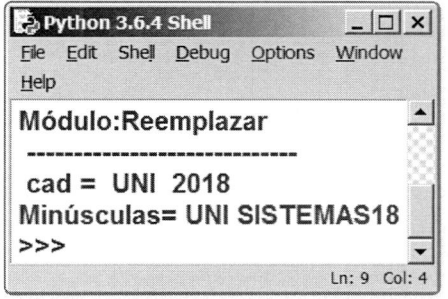

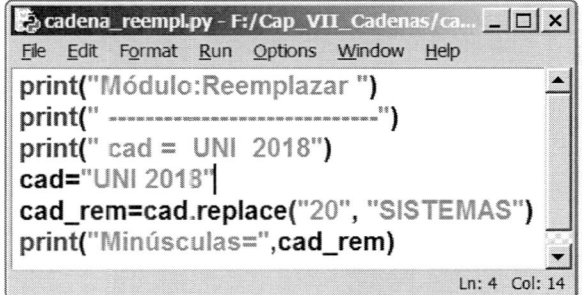

1.11. **Cortar porciones de una cadena**

Para cortar partes de una cadena, del principio o del final, se debe crear una subcadena.

Sintaxis:

[Id:Id]

donde:

a. li: índice izquierdo.

b. Id: índice derecho.

Ejemplo:

Diseñar un programa que permita leer una cadena de longitud >1 y, luego, leer el índice hasta donde se desea obtener una subcadena.

Solución:

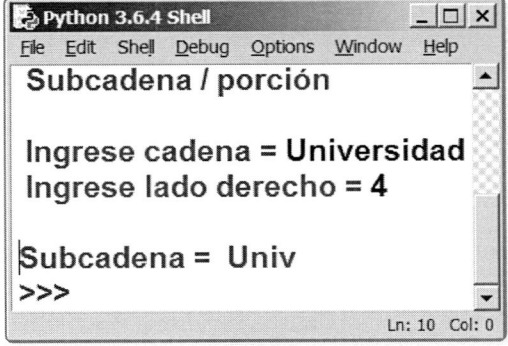

Ejemplo:

Diseñar un programa que permita leer una cadena de longitud >2 y, luego, leer el índice izquierdo e índice derecho para obtener una subcadena.

Solución:

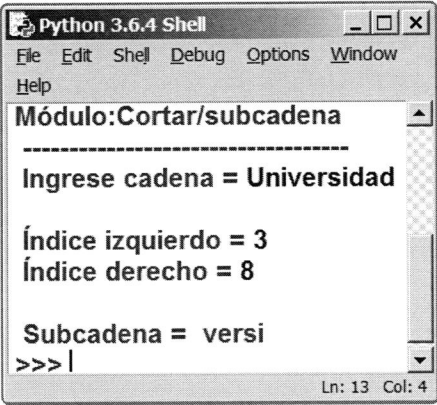
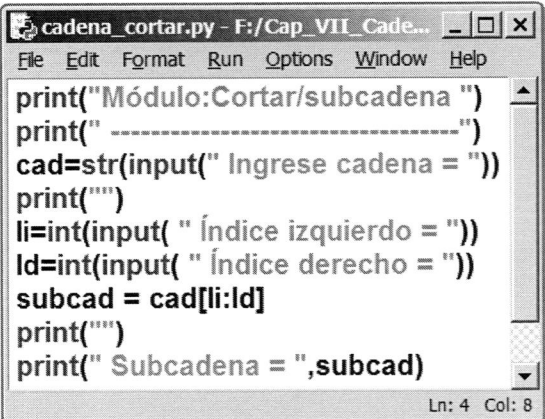

Ejemplo:

Diseñar un programa que permita mostrar caracteres usando la estructura repetitiva for.

Usar un contador para simular los índices de cada carácter.

Solución:

Python 3.6.4 Shell

```
Módulo: Recorrer con for
------------------------------------
caracter[ 0 ] = U
caracter[ 1 ] = n
caracter[ 2 ] = i
caracter[ 3 ] = v
caracter[ 4 ] = e
caracter[ 5 ] = r
caracter[ 6 ] = s
caracter[ 7 ] = i
caracter[ 8 ] = d
caracter[ 9 ] = a
caracter[ 10 ] = d
caracter[ 11 ] =
```
Ln: 20 Col: 4

cadena_for.py - F:/Cap_VII_Cadenas...

```
print("")
print("Módulo: Recorrer con for  ")
print(" ------------------------------------")
k=0
for let in "Universidad ":
    print("caracter[",k,"] = ",let)
    k=k+1
```
Ln: 8 Col: 0

Ejemplo:

Diseñar un programa que permita simular un corrector ortográfico. Es decir, el usuario leerá la cadena con errores (letras y dígitos) y el sistema deberá realizar la corrección extrayendo los dígitos y totalizando. Ver tabla.

Solución:

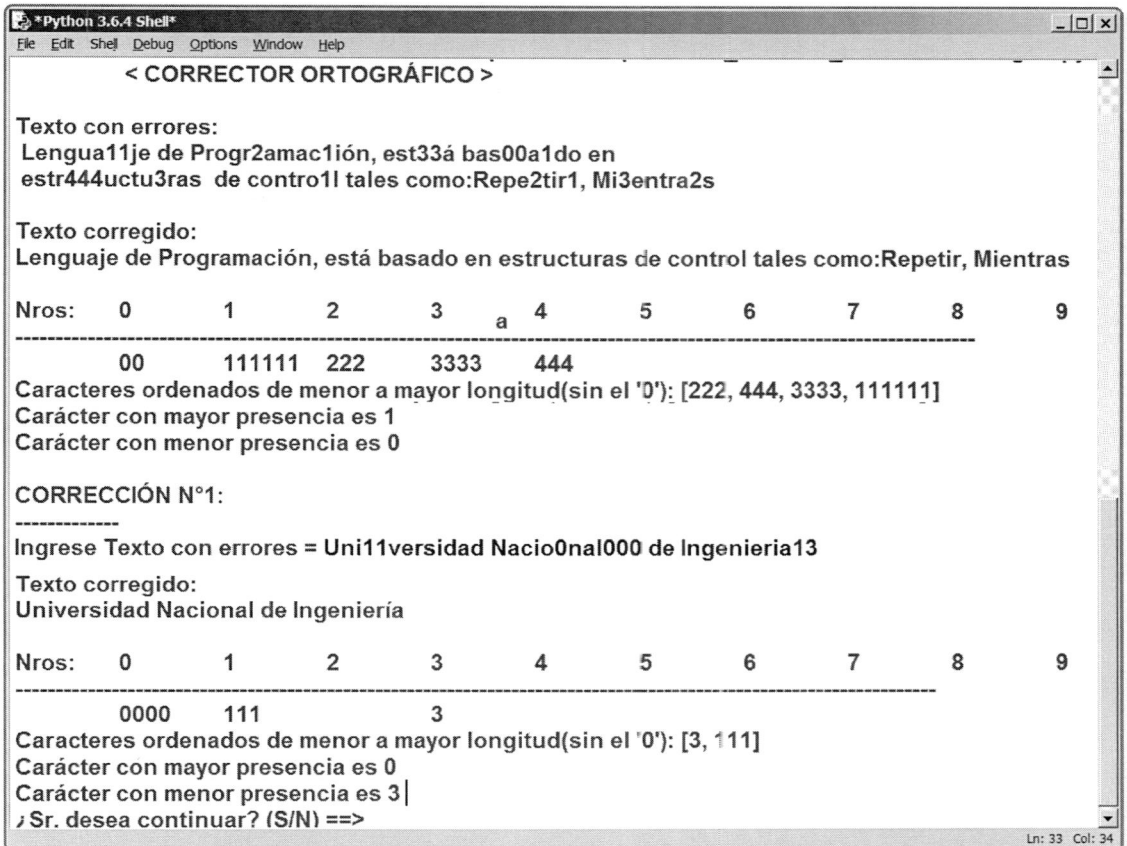

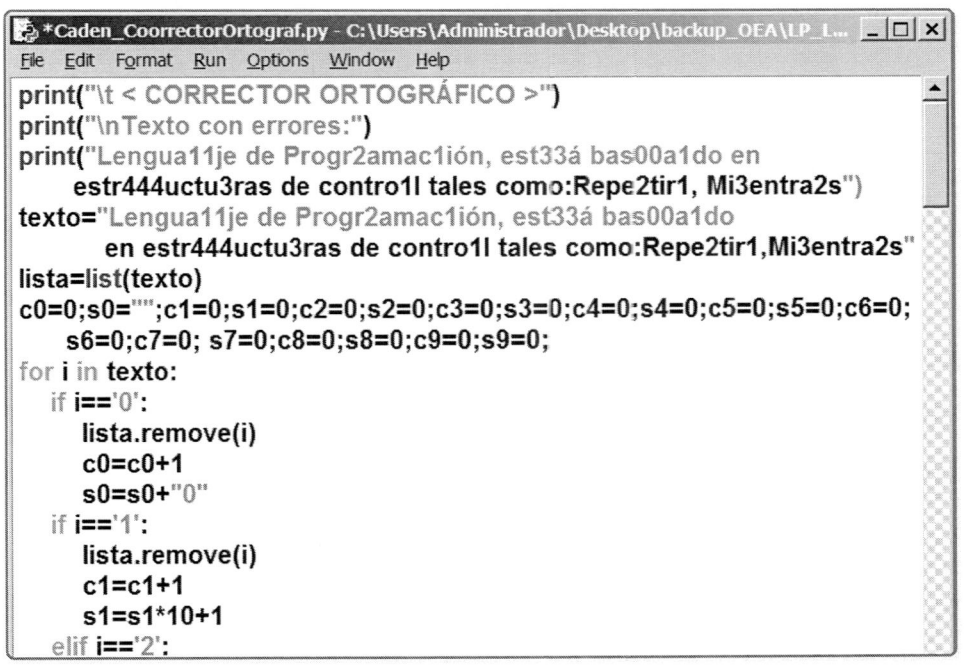

```python
            lista.remove(i)
            c2=c2+1
            s2=s2*10+2
        elif i=='3':
            lista.remove(i)
            c3=c3+1
            s3=s3*10+3
        elif i=='4':
            lista.remove(i)
            c4=c4+1
            s4=s4*10+4
        elif i=='5':
            lista.remove(i)
            c5=c5+1
            s5=s5*10+5
        elif i=='6':
            lista.remove(i)
            c6=c6+1
            s6=s6*10+6
        elif i=='7':
            lista.remove(i)
            c7=c7+1
            s7=s7*10+7
        elif i=='8':
            lista.remove(i)
            c8=c8+1
            s8=s8*10+8
        elif i=='9':
            lista.remove(i)
            c9=c9+1
            s9=s9*10+9
print(f"\nTexto corregido:")
cad=""
for i in lista:
    cad=cad+i
print(cad)
print("\nNros:\t0\t1\t2\t3\t4\t5\t6\t7\t8\t9")
print("--------------------------------------------------------------------")
print(f"  \t{'0'*c0}\t{'1'*c1}\t{'2'*c2}\t{'3'*c3}\t{'4'*c4}\t{'5'*c5}\t{'6'*c6}\t
    {'7'*c7}\t{'8'*c8}\t{'9'*c9}")
ncar=[s1,s2,s3,s4,s5,s6,s7,s8,s9]
conj=set(ncar)
ncar=list(conj)
j=1
for i in range(len(ncar)):
    for j in range(len(ncar)):
        if ncar[i]<ncar[j]:
            menor=ncar[i]
            ncar[i]=ncar[j]
            ncar[j]=menor
if ncar[0]==0:
    del ncar[0]
print(f"Caracteres ordenados de menor a mayor long(sin el '0'):{ncar}")
s0=len("0"*c0)
mayor1=ncar[len(ncar)-1]
k=0
while mayor1>0:
    mayor1=int((mayor1)/10)
    k=k+1
```

```
if s0<k:
    print(f"Carácter con mayor presencia es 0")
else:
    print(f"Carácter con mayor presencia es {ncar[len(ncar)-1]%10}")
menor1=ncar[0]
k=0
while menor1>0:
    menor1=int((menor1)/10)
    k=k+1
if s0<k:
    print(f"Carácter con menor presencia es 0")
else:
    print(f"Carácter con menor presencia es {ncar[0]%10} ")
c=0
resp="s"
while resp=="s" or resp=="S":
    c=c+1
    print(f"\nCORRECCIÓN N°{c}:")
    print("------------")
    cadena=input("Ingrese Texto con errores = ")
    lista=list(cadena)
    c0=0;   s0=""; c1=0; s1=0; c2=0;s2=0; c3=0; s3=0;  c4=0;  s4=0
    c5=0;  s5=0; c6=0;  s6=0; c7=0;  s7=0; c8=0; s8=0;c9=0;   s9=0
    for i in cadena:
        if i=='0':
            lista.remove(i)
            c0=c0+1
            s0=s0+"0"
        elif i=='1':
            lista.remove(i)
            c1=c1+1
            s1=s1*10+1
        elif i=='2':
            lista.remove(i)
            c2=c2+1
            s2=s2*10+2
        elif i=='3':
            lista.remove(i)
            c3=c3+1
            s3=s3*10+3
        elif i=='4':
            lista.remove(i)
            c4=c4+1
            s4=s4*10+4
        elif i=='5':
            lista.remove(i)
            c5=c5+1
            s5=s5*10+5
        elif i=='6':
            lista.remove(i)
            c6=c6+1
            s6=s6*10+6
        elif i=='7':
            lista.remove(i)
            c7=c7+1
            s7=s7*10+7
        elif i=='8':
```

```python
            lista.remove(i)
            c8=c8+1
            s8=s8*10+8
        elif i=='9':
            lista.remove(i)
            c9=c9+1
            s9=s9*10+9
print(f"\nTexto corregido:")
cad=""
for i in lista:
    cad=cad+i
print(cad)

print("\nNros:\t0\t1\t2\t3\t4\t5\t6\t7\t8\t9")
print("------------------------------------------------------------------------")
print(f"  \t{'0'*c0}\t{'1'*c1}\t{'2'*c2}\t{'3'*c3}\t{'4'*c4}\t{'5'*c5}\t{'6'*c6}
    \t{'7'*c7}\t{'8'*c8}\t{'9'*c9}")
ncar=[s1,s2,s3,s4,s5,s6,s7,s8,s9]
conj=set(ncar)
ncar=list(conj)
j=1
for i in range(len(ncar)):
    for j in range(len(ncar)):
        if ncar[i]<ncar[j]:
            menor=ncar[i]
            ncar[i]=ncar[j]
            ncar[j]=menor
if ncar[0]==0:
    del ncar[0]
print(f"Caracteres ordenados de menor a mayor longitud(sin el '0'):
    {ncar}")
s0=len("0"*c0)
mayor1=ncar[len(ncar)-1]
k=0
while mayor1>0:
    mayor1=int((mayor1)/10)
    k=k+1
if s0>k:
    print(f"Carácter con mayor presencia es 0")
else:
    print(f"Carácter con mayor presencia es {ncar[len(ncar)-1]%10}")

menor1=ncar[0]
k=0
while menor1>0:
    menor1=int((menor1)/10)
    k=k+1
if s0<k:
    print(f"Carácter con menor presencia es 0")
else:
    print(f"Carácter con menor presencia es {ncar[0]%10} ")
resp=input("¿Sr. desea continuar? (S/N) ==> ")
if resp!="s" or resp!="S":
    print("\n ¡Sr. hasta luego, gracias!")
```

Ln: 185 Col: 47

Ejemplo:

A continuación, se diseña un programa que optimiza el código del problema anterior.

Solución:

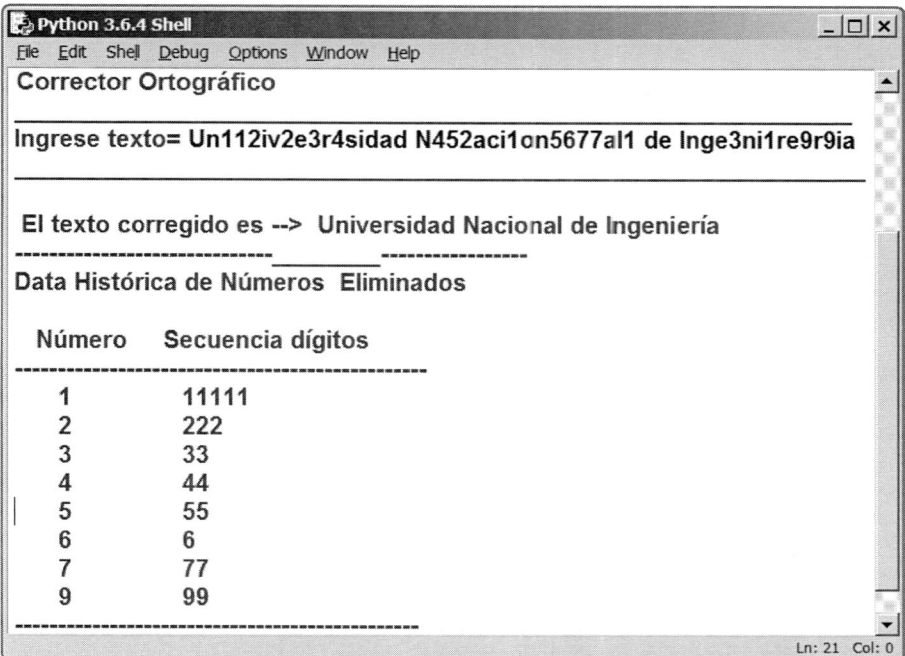

```
print("")
print("Corrector Ortográfico")
nrep=[]
for i in range(10):
    a=[0]*10
    sec=[0]*10
print("_____")
cad=input("Ingrese texto= ")
_____")
listaC=list(cad)
for i in listaC:
    if i=="0":
        a[0]=a[0]+1
        sec[0]=sec[0]*10+i
    elif i=="1":
        a[1]=a[1]+1
        sec[1]=sec[1]*10+int(i)
    elif i=="2":
        a[2]=a[2]+1
        sec[2]=sec[2]*10+int(i)
    elif i=="3":
        a[3]=a[3]+1
        sec[3]=sec[3]*10+int(i)
```

```
    elif i=="4":
        a[4]=a[4]+1
        sec[4]=sec[4]*10+int(i)
    elif i=="5":
        a[5]=a[5]+1
        sec[5]=sec[5]*10+int(i)
    elif i=="6":
        a[6]=a[6]+1
        sec[6]=sec[6]*10+int(i)
    elif i=="7":
        a[7]=a[7]+1
        sec[7]=sec[7]*10+int(i)
    elif i=="8":
        a[8]=a[8]+1
        sec[8]=sec[8]*10+int(i)
    elif i=="9":
        a[9]=a[9]+1
        sec[9]=sec[9]*10+int(i)
    else:
        nrep=nrep+[i]
resul=""
for k in nrep:
    resul +=str(k)
print(" \n El texto corregido es --> ",resul)
print("-------------------------------------------------------")

print("Data Histórica de Números  Eliminados ")
print("")
print("  Número    Secuencia dígitos  ")
print("-------------------------------------------------------")
for i in range(10):
    if a[i]!=0 :
        print("     ", i,"    |      ",sec[i])

print("-------------------------------------------------------")
```

Ln: 56 Col: 32

Ejemplo:

Diseñar un programa que permita leer una cadena de n caracteres, siendo n>1. Luego, si existe un error en la sintaxis, hacer la corrección de la siguiente manera:

El usuario identifica el carácter con el error y averigua su índice. Luego, se debe editar y, por este valor, eliminar el carácter respectivo. Si existen más caracteres a eliminar, el programa debe ser interactivo a fin de poder eliminar hasta lograr la cadena correcta.

Solución:

```
Python 3.6.4 Shell                                                   _ □ ×
File  Edit  Shell  Debug  Options  Window  Help
     Módulo: Corregir/Eliminar  Cadena
------------------------------------------------
Ingrese cadena = Univeersidad dde

                Proceso Nro. : 1

Cadena en Lista actual =  ['U', 'n', 'i', 'v', 'e', 'e', 'r', 's', 'i', 'd', 'a', 'd', ' ', 'd', 'd', 'e']

Ingrese posición a eliminar = 4

Lista  actual-1 =  ['U', 'n', 'i', 'v', 'e', 'r', 's', 'i', 'd', 'a', 'd', ' ', 'd', 'd', 'e']

Convertir Lista en Cadena:

Cadena actual =  Universidad dde

Sr. desea continuar eliminando....? (S/N) ==> S

                Proceso Nro. : 2

Cadena en Lista actual =  ['U', 'n', 'i', 'v', 'e', 'r', 's', 'i', 'd', 'a', 'd', ' ', 'd', 'd', 'e']

Ingrese posición a eliminar = 13
Lista  actual-1 =  ['U', 'n', 'i', 'v', 'e', 'r', 's', 'i', 'd', 'a', 'd', ' ', 'd', 'e']

Convertir Lista en Cadena:

Cadena actual =  Universidad de

Sr. desea continuar eliminando....? (S/N) ==> N

 Gracias por visitar, realizó: 2  Procesos de eliminación
>>>
                                                        Ln: 68  Col: 32
```

```
*Cadena_Eliminar.py - C:\Users\Administrador\Desktop\Recuperado-dev_1869...  _ □ ×
File  Edit  Format  Run  Options  Window  Help
print("   Módulo: Corregir/Eliminar  Cadena ")
print("-----------------------------------------------")
cad=input(" Ingrese cadena = ")
lista=list(cad)
print("")
resp='S'
nv=0
while(resp=='S' or resp=='s'):
   nv=nv+1
   print("                      Proceso Nro. :",nv)
   print("")
   print(" Cadena en Lista actual = ", lista)
   print("")
   pos=int(input(" Ingrese posición a eliminar = "))
   del  lista[pos]
```

```
print("")
print(" Lista  actual-1 = ", lista)
print("")
print(" Convertir Lista en Cadena: ")
cad = "".join(lista)
print("")
print(" Cadena actual = ",cad)
print("")
resp=input("Sr. desea continuar eliminando....? (S/N) ==> ")
print("")
if(resp=='N' or resp=='n'):
    print(" Gracias por visitar, realizó:",nv," Procesos de eliminación
```

Ln: 27 Col: 47

Observaciones:

a. Se ha usado la función join, la cual convierte una lista en una cadena formada por sus elementos separados por comas.

Lista = ['Argentina', 'Uruguay', 'Chile', 'Paraguay', 'Brasil', 'Bolivia']

Por lo tanto, join devolverá Argentina, Uruguay, Chile, Paraguay, Brasil, Bolivia.

b. Por otro lado, puede usar la función Split para convertir una cadena de texto en una lista.

Ejemplo:

Diseñar un programa que permita inicializar una cadena y, luego, proporcionar lo siguiente:

a. Una lista formada por palabras.

b. Una lista con contenido igual a la cadena.

Solución:

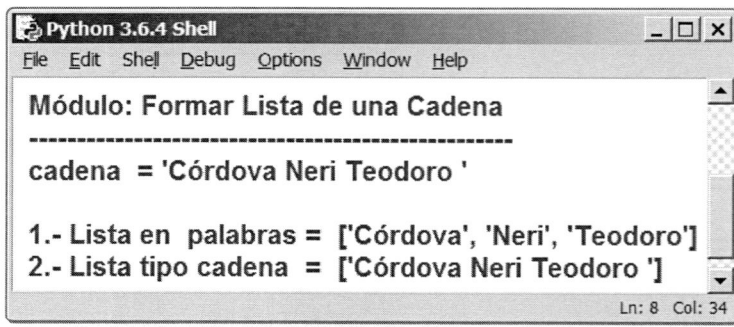

```
cadena_split.py - F:/Cap_VII_Cadenas/cadena_split.py (3....  _ □ ×
File  Edit  Format  Run  Options  Window  Help

print("")
print(" Módulo: Formar Lista de una Cadena")
print(" -----------------------------------------------")
print(" cadena  = 'Córdova Neri Teodoro '")
print("")
cadena = 'Córdova Neri Teodoro '
lista = cadena.split()
lista1= cadena.split(sep='\n')
print(" 1.- Lista en  palabras = ",lista)
print(" 2.- Lista tipo cadena  = ",lista1)

                                           Ln: 9  Col: 30
```

Ejemplo:

Diseñar un programa compuesto por la siguiente función:

buscaletra(caden, letrabusc)

Esta función permite averiguar si un carácter editado por el usuario está o no en una cadena. La cadena también es editada por el usuario.

Solución:

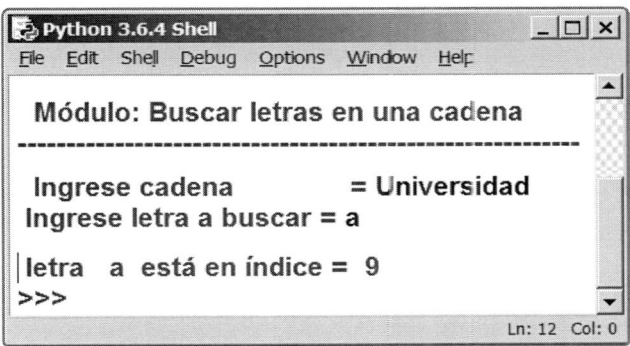

```
Python 3.6.4 Shell                                         _ □ ×
File  Edit  Shell  Debug  Options  Window  Help

    Módulo: Buscar letras en una cadena
   -----------------------------------------------

    Ingrese cadena              = Universidad
    Ingrese letra a buscar = a

  letra   a  está en índice =  9
>>>
                                           Ln: 12  Col: 0
```

```
cadbusca.py - C:\Users\Administrador\Desktop\backup_OEA...  _ □ ×
File  Edit  Format  Run  Options  Window  Help

def buscaletra(caden, letrabusc):
    i = 0
    while i <= len(caden):
        if caden[i] == letrabusc:
            print(" letra  ", letrabusc," está en índice = ",i)
            return i
        i =i+ 1
print("")
print(" Módulo: Buscar letras en una cadena ")
print("-----------------------------------------------")
print("")
cade=input(" Ingrese cadena      |   = ")
caracter=input(" Ingrese letra a buscar = ")
print("")
buscaletra(cade,caracter)

                                           Ln: 14  Col: 37
```

Ejemplo:

Diseñar un programa que permita dar formato a una cadena. Ver resultados en la siguiente interfaz.

Solución:

```
Python 3.6.4 Shell                                                    _ □ ×
File  Edit  Shell  Debug  Options  Window  Help

    Formatos de cadenas
------------------------------------
cadena  saludo= Hola gente UNI

Todo Mayúscula =  HOLA GENTE UNI

Todo Minúscula =  hola gente uni
Tercer carácter de Hola =  A

cadena con primer carácter en Mayúscula =  Bienvenido a mi aplicación

Convertir mayúsculas a minúsculas y viceversa:   Universidad flIS :
Conversión Mayúscula - Minúscula =  uNIVERSIDAD Fiis :
Convertir una cadena en Formato Título:
 Universidad de Ingeniería
 ===========Bienvenido a mi aplicación===========
        Bienvenido a mi aplicación

 Bienvenido a mi aplicación========================

 Justificado Derecha :  ====================Bienvenido a mi aplicación :
>>>
                                                              Ln: 20  Col: 0
```

```
*Cadena_Justifica.py - F:/Cap_VII_Cadenas/Cadena_Justifica.py (3.6.4)*    _ □ ×
File  Edit  Format  Run  Options  Window  Help

print("    Formatos de cadenas")
print(" ------------------------------------")

saludo="Hola gente UNI"
x=saludo.upper()
print("")
print(" Todo Mayúscula = ",x)
x=saludo.lower()
print("")
print(" Todo Minúscula = ",x)
x=saludo[3].upper()
print(" Tercer carácter de Hola = ", x)
print("")

cadena = "bienvenido a mi aplicación"
print( " cadena con primer carácter en Mayúscula = ", cadena.capitalize())
print("")
print(" Convertir mayúsculas a minúsculas y viceversa:   Universidad flIS : ")

cadena = "Universidad flIS : "
print (" Conversión Mayúscula - Minúscula = ",cadena.swapcase())
print(" Convertir una cadena en Formato Título:")
```

```
cadena = "universidad de ingeniería "
print (" ", cadena.title())

cadena = "bienvenido a mi aplicación".capitalize()
print (" ",cadena.center(50, "=") )
print (cadena.center(50), " ")
print("")
cadena = "bienvenido a mi aplicación".capitalize()
print (" ",cadena.ljust(50, "="))

cadena = "bienvenido a mi aplicación : ".capitalize()
print("")
print("  Justificado Derecha : ",cadena.rjust(50, "=") )
```

`Ln: 33  Col: 0`

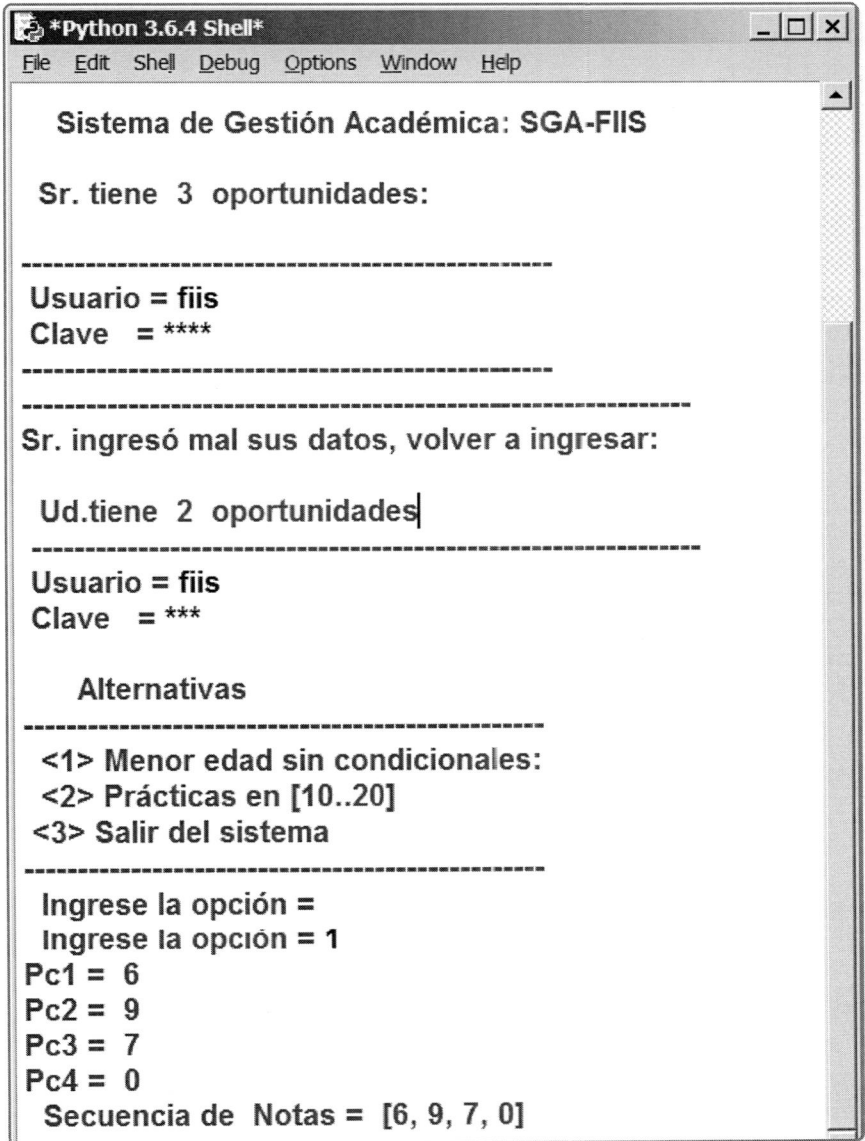

30

Python desde el laboratorio - Registros, archivos y programación dinámica
TEODORO CÓRDOVA NERI, MSc Y DRA. SARA ARANA TORRES

```
De : 6 , 9 , 7 , 0  La menor es =  0
 Desea continuar?..(S/N)==>  S

      Alternativas
------------------------------------------------
 <1> Menor edad sin condicionales:
 <2> Prácticas en [10..20]
 <3> Salir del sistema
------------------------------------------------
 Ingrese la opción = 2


 Ingrese nombre del curso = Algoritmos
 Ingrese sección  U,V,W: V
 Sección V
--------------------
Pc1 =  12
Pc2 =  13
Pc3 =  19
Pc4 =  19
 Notas en secuencia =  [12, 13, 19, 19]
  Notas ordenadas ascendentemente =  [12, 13, 19, 19]
 Mayor nota :  19  posición 2
 Mayor nota :  19  posición 3
 Notas sin repetirse =  [12, 13, 19]
 Mayor nota de las secciones es =  19
 Desea procesar notas de nuevo curso ..?(S/N)==>
```

Ln: 58 Col: 36

```
val_cadenas.py - C:\Users\Administrador\Desktop\Recuperado-dev_18692\Nueva car...
File  Edit  Format  Run  Options  Window  Help

from random import*
print("")
print("    Sistema de Gestión Académica: SGA-FIIS ")
print("")
cont=1
op='s'
z=2
while(cont<=3 and (op=="S" or op=="s")):
    print(" Sr. tiene ",(4-cont)," oportunidades:")
    print("")
    print("-------------------------------------------")
    usu=str(input(" Usuario = "))
    clave=str(input(" Clave   = "))
    print("-------------------------------------------")
```

```python
while((usu!='fiis' or clave!='***') and cont<4):
    if(cont==3):
        print("gracias...")
        cont=cont+1
    else:
        cont=cont+1
        print("-----------------------------------------------")
        print("Sr. ingresó mal sus datos, volver a ingresar: ")
        print("")
        print("  Ud.tiene ".(4-cont)." oportunidades")
        print(" -----------------------------------------------")
        usu=str(input(" Usuario = "))
        clave=str(input(" Clave   = "))
while(usu=="fiis" and clave=="***" and cont<=3 and z!=5):
    print("")
    print("      Alternativas  ")
    print("-----------------------------------------")
    print("  <1> Menor edad sin condicionales: ")
    print("  <2> Prácticas en [10..20]")
    print(" <3> Salir el sistema")
    print("-----------------------------------------")
    opc=int(input(" Ingrese la opción = "))
    if(opc==1):
        pc1=randint(0,10)
        print("Pc1 = ",pc1)
        pc2=randint(0,10)
        print("Pc2 = ",pc2)
        pc3=randint(0,10)
        print("Pc3 = ",pc3)
        pc4=randint(0,10)
        print("Pc4 = ",pc4)
        cade=[pc1,pc2,pc3,pc4]
        print(" Secuencia de  Notas = ",cade)
        cade_2=sorted(cade)
            menor=cade_2[0]
        print("De : ",pc1,",",pc2,",",pc3,",",pc4," La menor es= ",menor)
    if(opc==2):
        print("")
        print("")
        opc_1='s'
        while((opc_1=='s' or opc_1=='S')):
            mayor=0
            mayor2=0
            mayor3=0
            nomb=str(input(" Ingrese nombre del curso = "))
            sec=str(input(" Ingrese sección  U,V,W: "))
```

```python
        if(sec=='v'or sec=='V'):
            print("  Sección V ")
            print("-------------------")
            pc1=randint(10,20)
            print("Pc1 = ",pc1)
            pc2=randint(10,20)
            print("Pc2 = ",pc2)
            pc3=randint(10,20)
            print("Pc3 = ",pc3)
            p=randint(1,2)
            nota=[pc1,pc2,pc3]
            pc4=nota[p]
            print("Pc4 = ",pc4)
            cade=[pc1,pc2,pc3,pc4]
            print(" Notas en secuencia = ",cade)
            cade_3=sorted(cade)
            print(" Notas ordenadas ascendentemente = ",cade_3)
            mayor=cade_3[3]
            ma=int(mayor)
            if(ma==pc1):
                print(" Mayor nota : ",mayor," posición 0")
            if(ma==pc2):
                print(" Mayor nota : ",mayor," posición 1")
            if(ma==pc3):
                print(" Mayor nota : ",mayor," posición 2")
            if(ma==pc4):
                print(" Mayor nota : ",mayor," posición 3")
            cade_4=[pc1,pc2,pc3]
            print(" Notas sin repetirse = ",cade_4)
        if(sec=='u'or sec=='U'):
            print("    Sección U")
            print("-------------------")
            pc12=randint(0,10)
            print("Pc1 = ",pc12)
            pc22=randint(0,10)
            print("Pc2 = ",pc22)
            pc32=randint(0,10)
            print("Pc3 = ",pc32)
            q=randint(1,2)
            nota2=[pc12,pc22,pc32]
            pc42=nota2[q]
            print("Pc4 = ",pc42)
            cade2=[pc12,pc22,pc32,pc42]
            print(" Notas en secuencia = ",cade2)
            cade_32=sorted(cade2)
            print(" Notas ordenadas ascendentemente = ",cade_32)
```

```
          mayor2=cade_32[3]
          ma2=int(mayor2)
          if(ma2==pc12):
             print(" Mayor nota : ",mayor2," posición 0")
          if(ma2==pc22):
             print(" Mayor nota : ",mayor2," posición 1")
          if(ma2==pc32):
             print(" Mayor nota : ",mayor2," posición 2")
          if(ma2==pc42):
             print(" Mayor nota : ",mayor2," posición 3")
          cade_42=[pc12,pc22,pc32]
          print(" Notas sin repetirse = ",cade_42)
    if(sec=='W'or sec=='w'):
          print("    Sección W")
          print("--------------------")
          pc13=randint(10,20)
          print("Pc1 = ",pc13)
          pc23=randint(10,20)
          print("Pc2 = ",pc23)
          pc33=randint(10,20)
          print("Pc3 = ",pc33)
          t=randint(1,2)
          nota3=[pc13,pc23,pc33]
          pc43=nota3[t]
          print("Pc4 = ",pc43)
          cade3=[pc13,pc23,pc33,pc43]
          print(" Notas en secuencia = ",cade3)
          cade_33=sorted(cade3)
          print(" Notas ordenadas ascendentemente = ",cade_33)
          mayor3=cade_33[3]
          ma3=int(mayor3)
          if(ma3==pc13):
             print("Mayor nota : ",mayor3," posición 0")
          if(ma3==pc23):
             print("Mayor nota : ",mayor3," posición 1")
          if(ma3==pc33):
             print("Mayor nota : ",mayor3," posición 2")
          if(ma3==pc43):
             print("Mayor nota : ",mayor3," posición 3")
          cade_43=[pc13,pc23,pc33]
          print("Notas sin repetirse = ",cade_43)
    cade_new=[mayor3,mayor,mayor2]
    f=sorted(cade_new)
    te=f[2]
    print(" Mayor nota de las secciones es = ",te)
```

```
        opc_10=str(input(" Desea procesar notas de nuevo curso ..?(
    if(opc==3):
        print("Hasta luego--")
        z=5
    op=str(input("  Desea continuar?..(S/N)==>  "))
else:
    print(" Sr. Ud.Saldrá del sistema....")
```
`Ln: 13  Col: 59`

Ejemplo:

Diseñar un programa que permita realizar las siguientes consultas mostradas en la interfaz.

Solución:

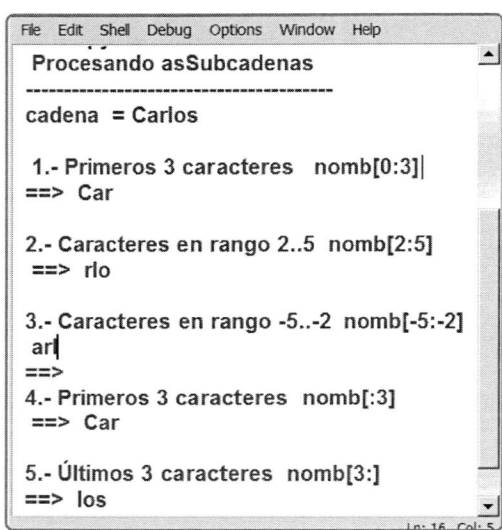

```python
print( "  Procesando asSubcadenas ")
print(" -------------------------------------")
print(" caden = Carlos ")
nomb="Carlos"
print("  1.- Primeros 3 caracteres   nomb[0:3]")
print(" ==> ",nomb[0:3])
print(" 2.- Caracteres en rango 2..5  nomb[2:5]")
print("  ==> ",nomb[2:5])
print(" 3.- Caracteres en rango -5..-2 nomb[-5:-2]")
print(" ",nomb[-5:-2])
print(" ==> ")
print(" 4.- Primeros 3 caracteres  nomb[:3]")
print("  ==> ",nomb[:3])
print(" 5.- Últimos 3 caracteres  nomb[3:]")
print(" ==> ",nomb[3:])
```
`Ln: 10  Col: 22`

Ejemplo:

Diseñar un programa que permita realizar las siguientes consultas mostradas en la interfaz de reportes. El programa debe ser interactivo con el usuario.

Solución:

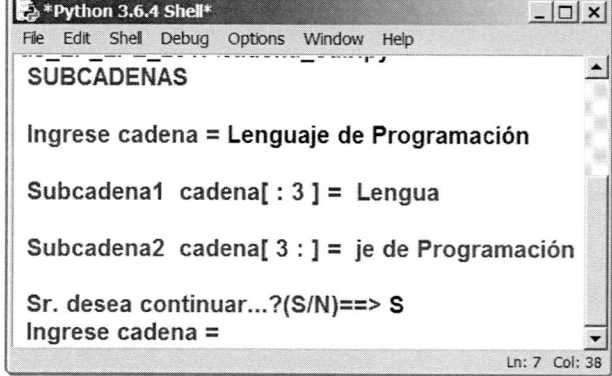

```
cadena_sub.py - C:\Users\Administrador\Desktop\Nueva carpeta...  _ □ ×
File  Edit  Format  Run  Options  Window  Help
print(" SUBCADENAS ")
print("")
resp='S'
while(resp=='S' or resp=='s'):
    cadena=input(" Ingrese cadena = ")
    print("")
    print(" Subcadena1  cadena[ : 3 ] = ",cadena[:6])
    print("")
    print(" Subcadena2  cadena[ 3 : ] = ",cadena[6:])
    print("")
    resp=str(input(" Sr. desea continuar...?(S/N)==> "))
                                                    Ln: 9  Col: 55
```

1.12. Cadenas inmutables

Las cadenas son inmutables, es decir, no se puede cambiar una cadena existente. Solo es posible crear una nueva cadena que sea una variación de la original.

Ejemplo:

Diseñar un programa que permita cambiar el carácter de la posición 1 de la cadena FIIS por 'A'. Por teoría esto no es posible.

Solución:

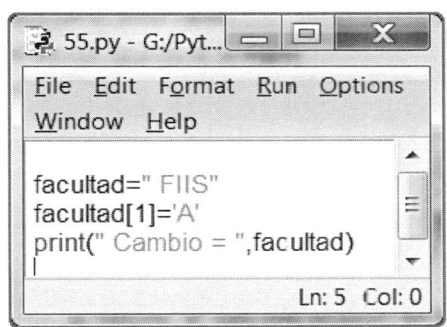

```
55.py - G:/Pyt...  _ □ X
File  Edit  Format  Run  Options
Window  Help

facultad=" FIIS"
facultad[1]='A'
print(" Cambio = ",facultad)

                        Ln: 5  Col: 0
```

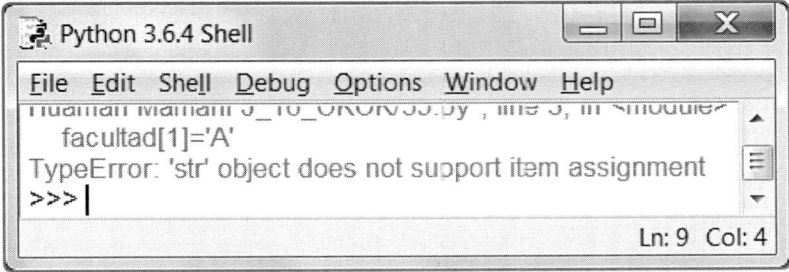

```
Python 3.6.4 Shell  _ □ X
File  Edit  Shell  Debug  Options  Window  Help
Huaman Mamani J_10_OROR.py" , line 3, in <module>
    facultad[1]='A'
TypeError: 'str' object does not support item assignment
>>>
                        Ln: 9  Col: 4
```

El mensaje de error justifica la definición de inmutabilidad de una cadena.

Ejemplo:

Diseñar un programa que permita procesar una cadena según las indicaciones mostradas en la imagen.

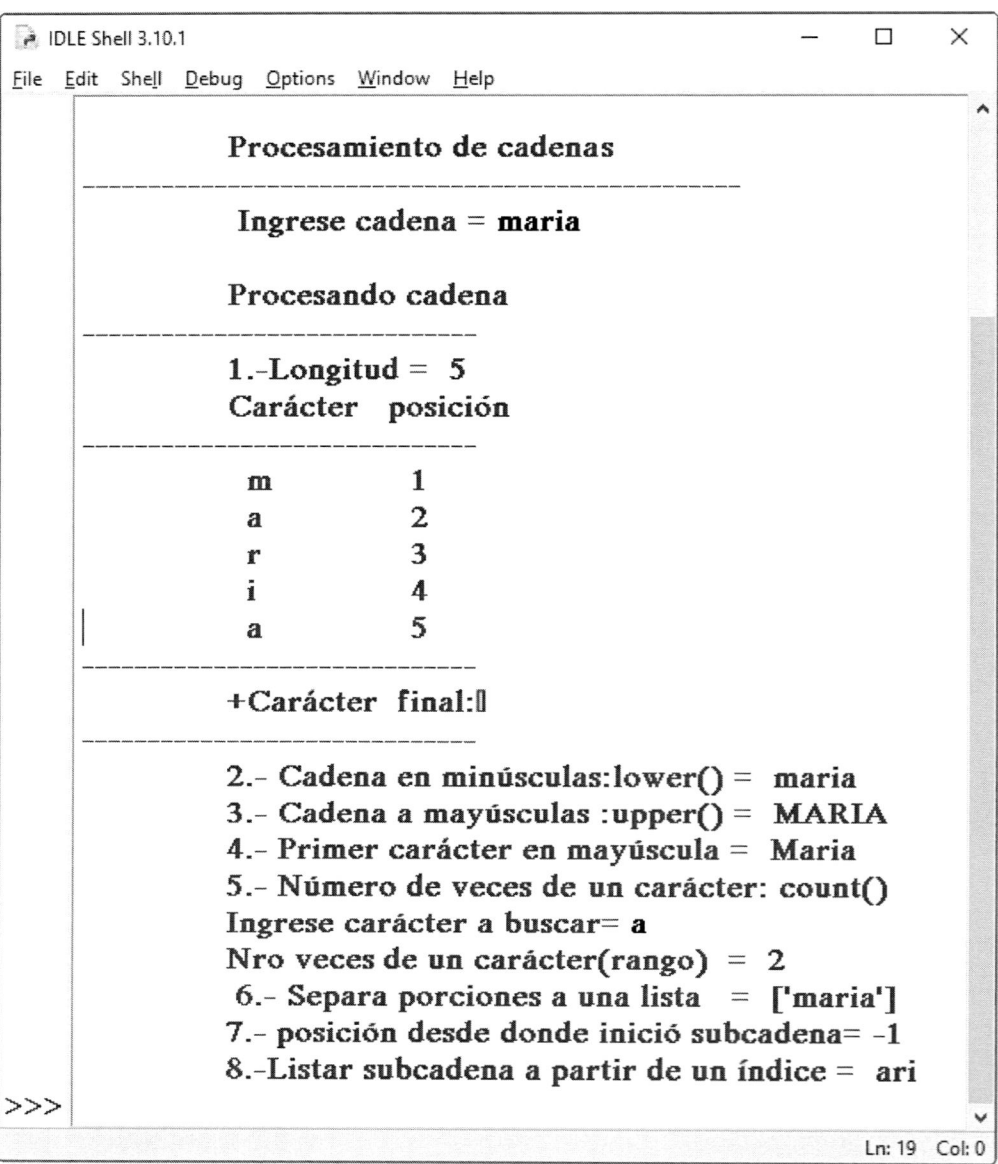

Solución:

```python
nomb=input("\t Ingrese cadena = ")
print(" \n\tProcesando cadena")
print("-" * 30)
print("\t1.-Longitud = ", len(nomb   ))
cant=0
print("\tCarácter    posición ")
print("-" * 30)
for i in nomb:
    cant=cant+1
```

```
    print("\t ", i, "  \t   ", cant)
print("-" * 30)
print(" \t+Carácter  final:\b ")
print("-" * 30)
print(" \t2.- Cadena en minúsculas:lower() = ", nomb.lower())
print(" \t3.- Cadena a mayúsculas :upper() = ", nomb.upper())
print(" \t4.- Primer carácter en mayúscula = ", nomb.capitalize())
print(" \t5.- Número de veces de un carácter: count() ")
caract=input("\tIngrese carácter a buscar= ")
print("  \tNro veces de un carácter(rango)  = ",nomb.count(caract,0))
print("\t 6.- Separa porciones a una lista   = ",nomb.split())
print(" \t7.- posición desde donde inició subcadena=",nomb.find(" ",0,10))
print(" \t8.-Listar subcadena a partir de un índice = ",nomb[1:4])
```

Ln: 16   Col: 0

Ejemplo:

Diseñar un programa que permita leer una cadena y, luego, formar una subcadena con los elementos que se repitan.

Solución:

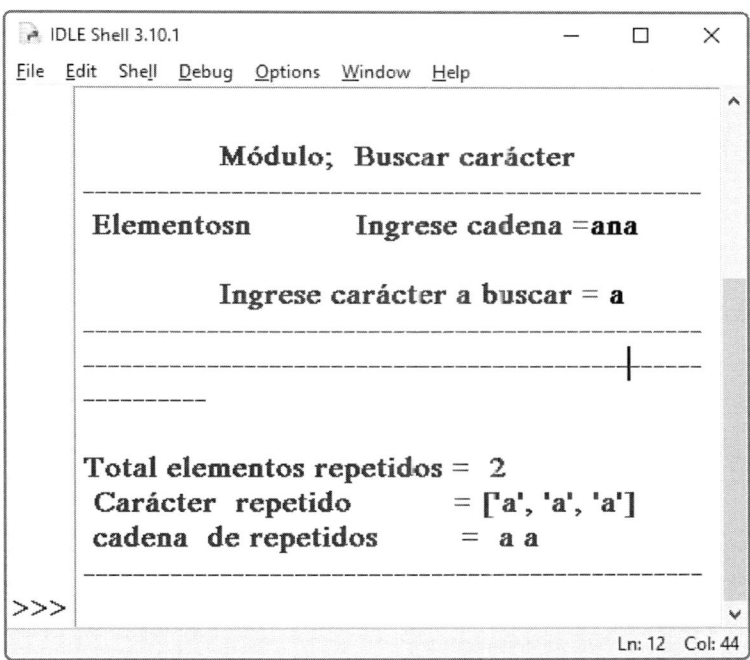

Observación:

Identificar por qué, en la lista, aparece un carácter adicional.

```
cadena_busca_ sec.py - H:/libro_python_Macro_oct_2022/cadena_b...   —   □   ×

File  Edit  Format  Run  Options  Window  Help

print("\n\tMódulo;  Buscar carácter")
print("-" *50)

cadena=input(" Elementosn\tIngrese cadena =")
long=len(cadena)
cont =0
k=0
v=[0]
busca=input("\n\tIngrese carácter a buscar = ")
print("-" *50)
for letra in cadena        :
    if letra ==busca:
        v[k]=letra
        k=k+1
        car=" ".join(v)
        v.append(letra)
        cont = cont + 1
print("-" *60)
print(" \nTotal elementos repetidos = ",cont)
print(" Carácter  repetido          =",v)
print(" cadena  de repetidos        = ",car)
print("-" *50)

                                              Ln: 9  Col: 0
```

Ejemplo:

Diseñar un programa que permita mejorar el problema anterior. Es decir, leer una cadena y luego:

a. Buscar un carácter.

b. Listar longitud.

c. Durante la búsqueda, mostrar el carácter encontrado y el carácter no encontrado.

d. Mostrar el carácter repetido en una lista y una secuencia.

Solución:

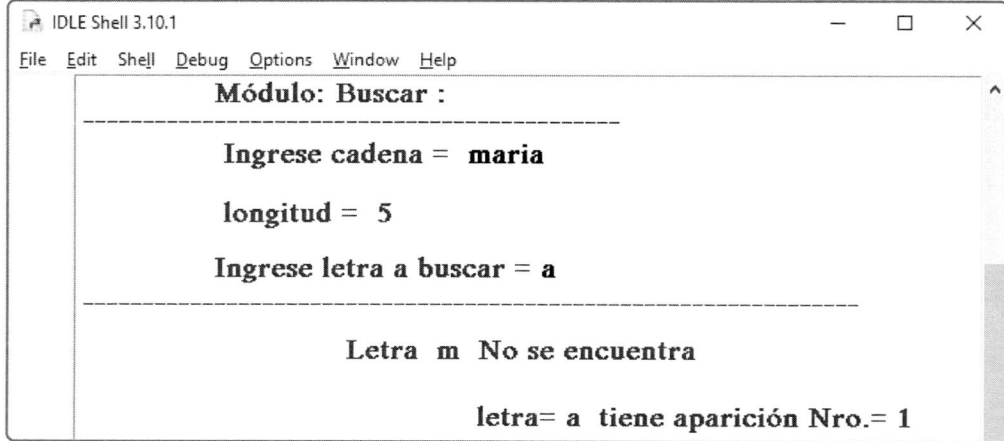

```
--------------------------------------------------------
                    Letra  r  No se encuentra

                    Letra  i  No se encuentra

                            letra= a  tiene aparición Nro.= 2
--------------------------------------------------------

          Total apariciones = 2

          Secuencia =  ['a', 'a', 0, 0, 0]
          Secuencia  =  aa
>>>
```

cAD1.py - C:\Users\User\Desktop\ciclo_2021_2\cAD1.py (3.10.1)

File   Edit   Format   Run   Options   Window   Help

```python
print("\n\tMódulo: Buscar : ")
print("-" *45)
posf=0;nv=0
cadena=input("\t Ingrese cadena =  ")
long=len(cadena)
v=[0]*long
print("\n\t longitud = ",long)
b=input(" \n\tIngrese letra a buscar = ")
print("-" *65)
k=0
sec=''
for i in (cadena):
    if b==i:
        nv=nv+1
        sec=sec+i
        v[k]=i
        k=k+1
        print(" \n\t\t\tletra=",i, " tiene aparición Nro.=",nv)
        print("-" *65)
    else:
        print("\n\t\tLetra ",i," No se encuentra ")
print("\n \tTotal apariciones =",nv)
print("\n\tSecuencia = ",v)
print(" \tSecuencia  = ",sec)
```

Ejemplo:

Diseñar un programa que permita leer una cadena y determinar si es un palíndromo.

Solución:

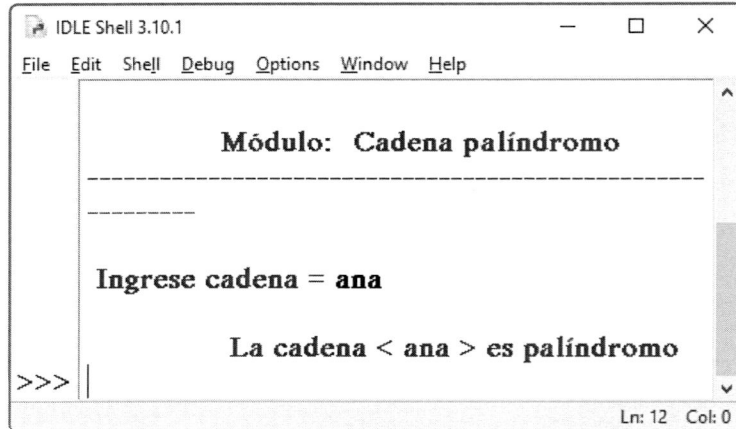

```python
print("\n\tMódulo:  Cadena palíndromo")
print("-" *60)
cad=input("\n Ingrese cadena = ")

pos_izq=0
pos_der=len(cad)-1


while(pos_der>=pos_izq):
    if (cad[pos_izq]==cad[pos_der]):
        pos_izq=pos_der+1
        pos_der=pos_der-1
        print("\n\t La cadena <",cad, "> es palíndromo")
    else:
        print(" No es palíndromo")
        exit()
```

```
IDLE Shell 3.10.1                          —    □    ✕
File  Edit  Shell  Debug  Options  Window  Help
>>> apell='Solis'
>>> nomb='Luis'
>>> esp=' '
>>>
>>> datos=apell+esp+nomb
>>>
>>> datos
    'Solis Luis'
>>> print(" cadena concatenada")
     cadena concatenada
>>>
>>> lon1)=len(apell)
    SyntaxError: unmatched ')'
>>> len1=len(apell)
>>> len1
    5
>>> len2=len(nomb)
>>>
>>> len2
    4
>>>
                                        Ln: 22  Col: 0
```

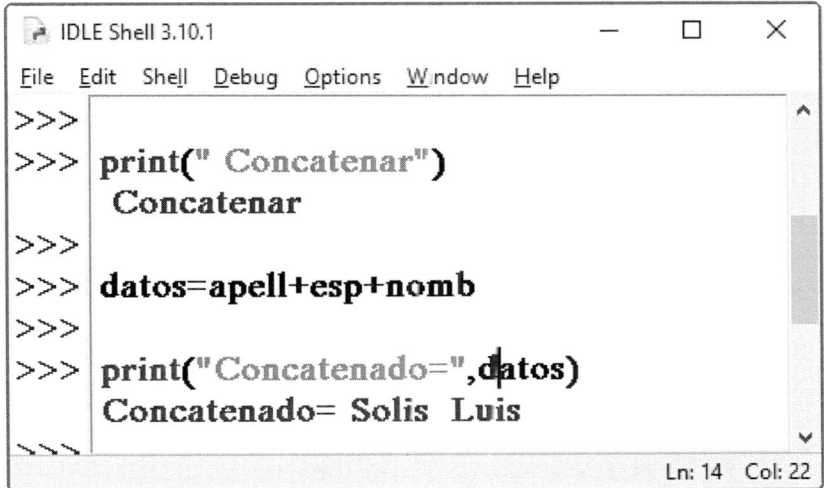

```
IDLE Shell 3.10.1                          —    □    ✕
File  Edit  Shell  Debug  Options  Window  Help
>>>
>>> print(" Concatenar")
     Concatenar
>>>
>>> datos=apell+esp+nomb
>>>
>>> print("Concatenado=",datos)
    Concatenado= Solis  Luis
>>>
                                        Ln: 14  Col: 22
```

Ejemplo:

Usar el operador *.

Solución:

```
IDLE Shell 3.10.1                                    —    □    ×
File  Edit  Shell  Debug  Options  Window  Help
>>> datos='fiis'*4
>>>
>>> datos
    'fiisfiisfiisfiis'
>>>
>>> nomb='ana'*4
>>>
>>> print(" Repeticiones")
     Repeticiones
>>> print(" Repeticiones=",nomb)
     Repeticiones= anaanaanaana
>>> print(" Iterando sobre sus elementos")
     Iterando sobre sus elementos
>>> long=len(nomb)
>>>
>>> print(" Longitud=",long)
     Longitud= 12
>>> for i in range(long):
...     print("cad[",i,"]=",datos[i])
...
...
    cad[ 0 ]= f
    cad[ 1 ]= i
    cad[ 2 ]= i
    cad[ 3 ]= s
    cad[ 4 ]= f
    cad[ 5 ]= i
    cad[ 6 ]= i
    cad[ 7 ]= s
    cad[ 8 ]= f
    cad[ 9 ]= i
    cad[ 10 ]= i
    cad[ 11 ]= s
>>>
                                              Ln: 40  Col: 0
```

Ejemplo:

Diseñar un programa que permita separar una cadena en dos subcadenas al elegir el carácter que se desee para determinar dónde se va a separar la cadena en subcadenas.

Solución:

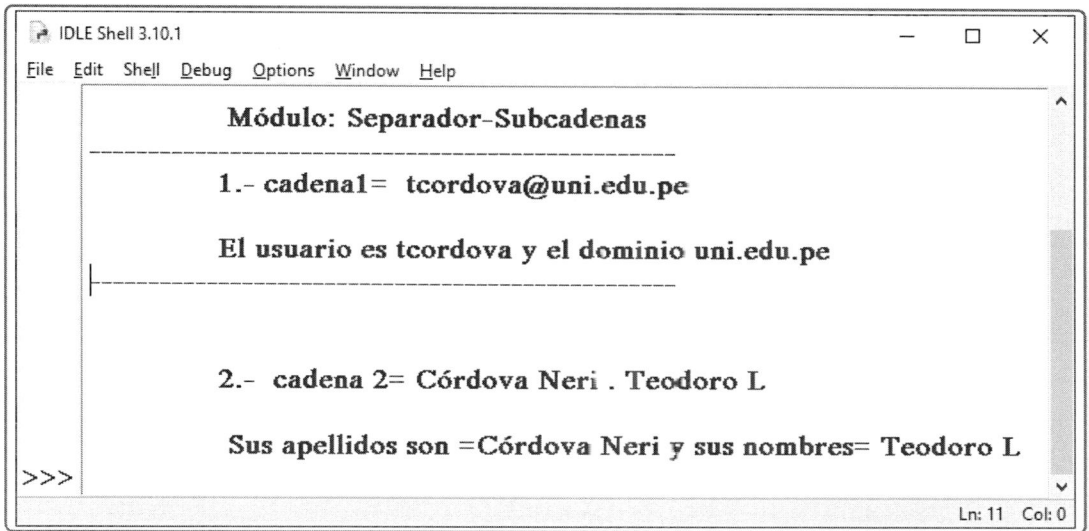

```
print("\n\t Módulo: Separador-Subcadenas")
print("-"*50)
print("\t1.- cadena1=  tcordova@uni.edu.pe")
print()


usuario= "tcordova@uni.edu.pe"
separador = "@"
separado = usuario.split(separador)

print("\tEl usuario es {} y el dominio {}".format(separado[0], separado[1]))
print("-"*50)
print("")
print("\n\t2.-  cadena 2=","Córdova Neri . Teodoro L")
user="Córdova Neri . Teodoro L"

separand="."
separando = user.split(separand)


print("\n\t Sus apellidos son ={}y sus nombres={}".format(separando[0], separando[1]))
```

Ejemplo:

Diseñar un programa que permita leer una cadena y, luego, contar el número de palabras que tiene.

Solución:

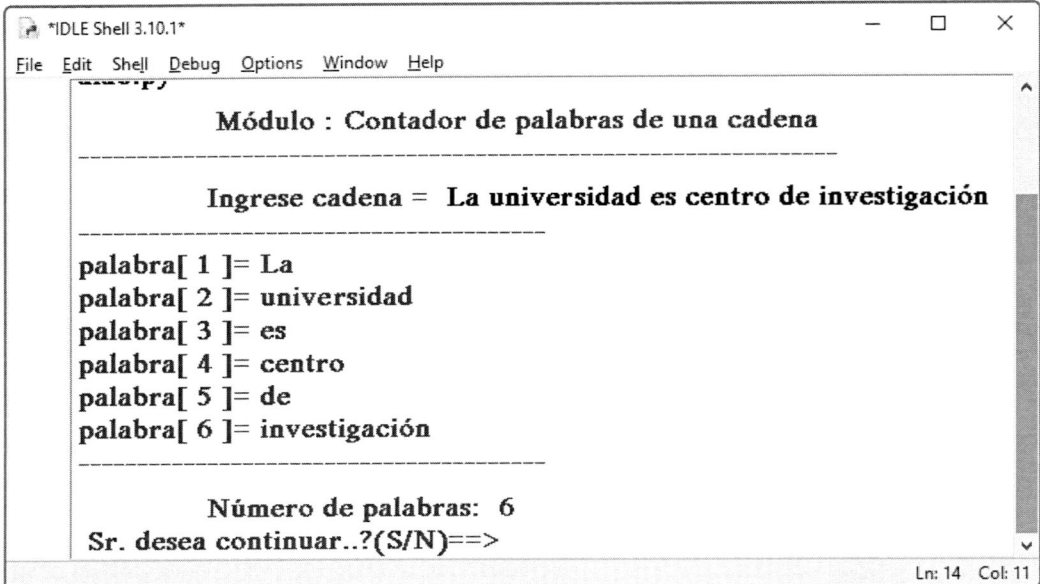

```
                Módulo : Contador de palabras de una cadena
        ------------------------------------------------------------

                Ingrese cadena =  La universidad es centro de investigación

        ----------------------------------------------
palabra[ 1 ]= La
palabra[ 2 ]= universidad
palabra[ 3 ]= es
palabra[ 4 ]= centro
palabra[ 5 ]= de
palabra[ 6 ]= investigación
        ----------------------------------------------

                Número de palabras:  6
 Sr. desea continuar..?(S/N)==>
```

Ejemplo:

Diseñar un programa para leer una cadena numérica y, si esta contiene una letra, el sistema indicará al usuario que se vuelva a realizar la lectura. Esta cadena será leída entera y se mostrará en el vector correspondiente.

Solución:

```python
print(" \n\t Módulo : Contador de palabras de una cadena")
print("-" *65)
resp='S'
while resp=='S' or resp=='s':
    frase=input("\n\tIngrese cadena = ")
    print("-" *40)
    pal=frase.split()
    i=0
    while i<len(pal):
        print("palabra[",i+1,"]=",pal[i])
        i=i+1
    print("-" *40)
    print("\n\tNúmero de palabras: ",i)
    resp=input(" Sr. desea continuar..?(S/N)==>")
    if resp=='N':
        print(" Hasta luego")
        exit()
```

```
IDLE Shell 3.10.1                                        —    □    ×
File  Edit  Shell  Debug  Options  Window  Help

                 Módulo :Funciones: isdigit(), alpha()
        --------------------------------------------------------


        Ingrese una cadena= 12121c
        Contiene una letra
        Secuencia = 012121c

        Ingrese una cadena= 122344

                Ha ingresado cadena numérica, pasará a enteros:
                Secuencia Numérica = 122344

                se guardará en un vector

                    Nro     Dígito   posición
        -----------------------------------------
                    V[ 0 ]=    4        0
                    V[ 1 ]=    4        1
                    V[ 2 ]=    3        2
                    V[ 3 ]=    2        3
                    V[ 4 ]=    2        4
                    V[ 5 ]=    1        5

>>> |    ----------------------------------------
                                                Ln: 29   Col: 0
```

```
*cad_isdigt().py - H:/LP_2022_OCT/cad_isdigt().py (3.10.1)*    —    □    ×
File  Edit  Format  Run  Options  Window  Help

print("\n\tMódulo :Funciones: isdigit(), alpha()")
print("-" *50)
ne=0
sec=0
k=0
v=[0]*20
pos =[0]*20
j=0
while True:
        cad=input("\n Ingrese una cadena= ")
        if cad.isdigit():
            print("\n\t Ha ingresado cadena numérica, pasará
            opc1=int(cad)
            sec=sec*10+opc1
            print(" \tSecuencia Numérica =", sec)
            print("\n\tse guardará en un vector ")
            while sec>0:
                j=j+1
                d=sec%10
                v[k]=d
                pos[j]=j
                k=k+1
```

```
                    sec=sec//10
                break
            else:

                print(" Contiene una letra")
                sec1='0'+str(cad)
                print(" Secuencia =", sec1)
print("\n\t Nro      Dígito    posición")
print("-"*40)
for i in range(k):
    print("\tV[",i,"]=","     "  ,v[i],"    ",pos[i])
print("-"*40)
                                                    Ln: 24   Col: 0
```

Ejemplo:

Diseñar un programa que permita leer una cadena y, luego, mostrarla de forma invertida. Usar la técnica algorítmica.

Solución:

Gráfica del algoritmo.

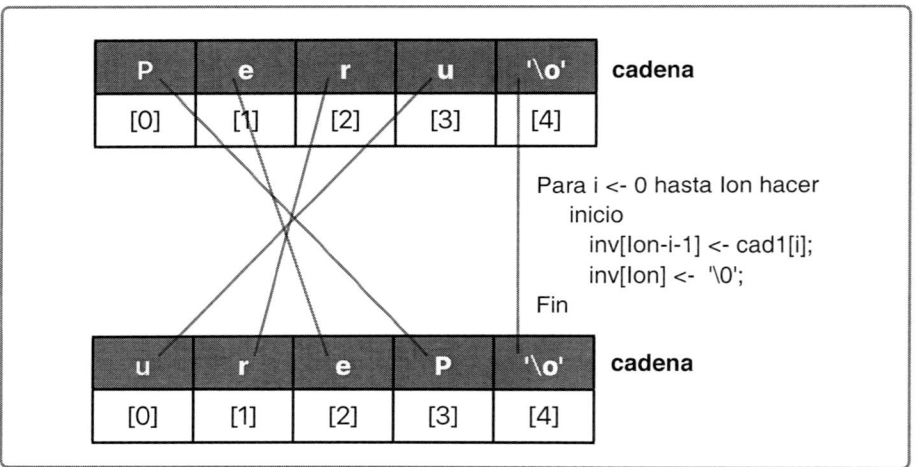

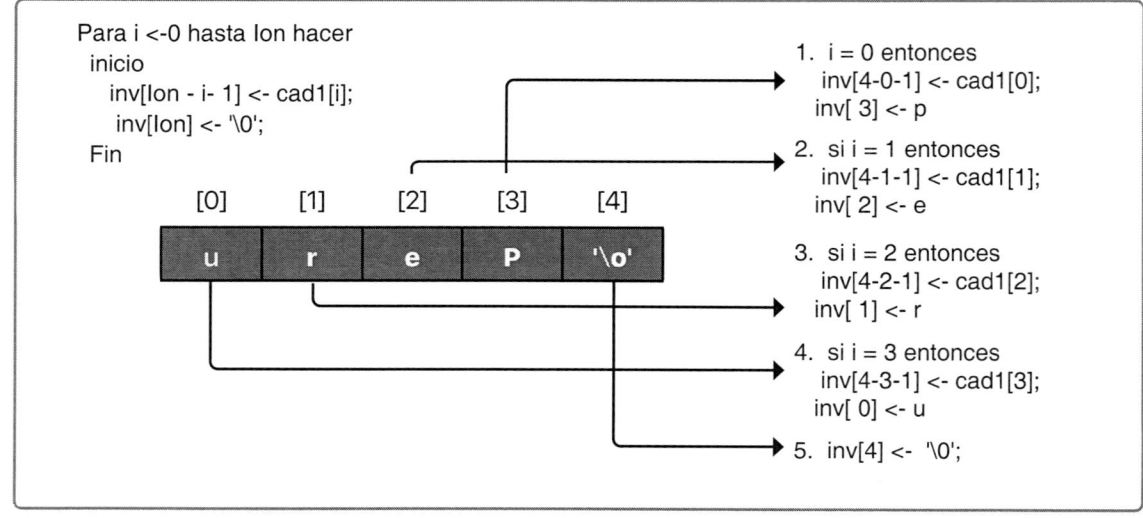

```
IDLE Shell 3.9.4                              —   □   ×
File  Edit  Shell  Debug  Options  Window  Help
/Desktop/ciclo_2021_2/cad_inv.py ==
==========

               Invertir Cadena
-------------------------------

          Ingrese cadena = peru

          tamaño= 4

invertido= ['u', 'r', 'e', 'p']
-------------------------------
>>>
                                    Ln: 15  Col: 4
```

```
IDLE Shell 3.10.1                              —   □   ×
File  Edit  Shell  Debug  Options  Window  Help
rur.py ========================

          Invertir Cadena
-------------------------------
          Ingrese cadena = universidad

          tamaño= 11

invertido= ['d', 0, 0, 0, 0, 0, 0, 0, 0, 0, 0]
invertido= ['d', 'a', 0, 0, 0, 0, 0, 0, 0, 0, 0]
invertido= ['d', 'a', 'd', 0, 0, 0, 0, 0, 0, 0, 0]
invertido= ['d', 'a', 'd', 'i', 0, 0, 0, 0, 0, 0, 0]
invertido= ['d', 'a', 'd', 'i', 's', 0, 0, 0, 0, 0, 0]
invertido= ['d', 'a', 'd', 'i', 's', 'r', 0, 0, 0, 0, 0]
invertido= ['d', 'a', 'd', 'i', 's', 'r', 'e', 0, 0, 0, 0]
invertido= ['d', 'a', 'd', 'i', 's', 'r', 'e', 'v', 0, 0, 0]
invertido= ['d', 'a', 'd', 'i', 's', 'r', 'e', 'v', 'i', 0, 0]
invertido= ['d', 'a', 'd', 'i', 's', 'r', 'e', 'v', 'i', 'n', 0]
invertido= ['d', 'a', 'd', 'i', 's', 'r', 'e', 'v', 'i', 'n', 'u']

-------------------------------
>>>
                                    Ln: 24  Col: 0
```

```
*cadena_invertir.py - H:/cadena_invertir.py ...    —    □    ×
File   Edit   Format   Run   Options   Window   Help

print("\n\t Invertir Cadena")
print("-" *30)

cad=input( "\tIngrese cadena = ")
tamano=len(cad)
invertido=[0]*tamano
print(" \n\ttamaño=", tamano)
print()
j=tamano
for  i in range(j):
    invertido[i]=cad[j-1]
    j=j-1
    print("invertido=",invertido )
invertido[j]='\0'
print("-" *30)

                                        Ln: 17   Col: 0
```

Registros y archivos

2.1. Registros

El presente capítulo es de gran importancia para los programadores, debido a que trata técnicas para guardar la información del entorno y, en cualquier momento, actualizar o hacer un mantenimiento de sus registros. En las gráficas siguientes, se ilustran los objetos desde donde se tomarán los datos.

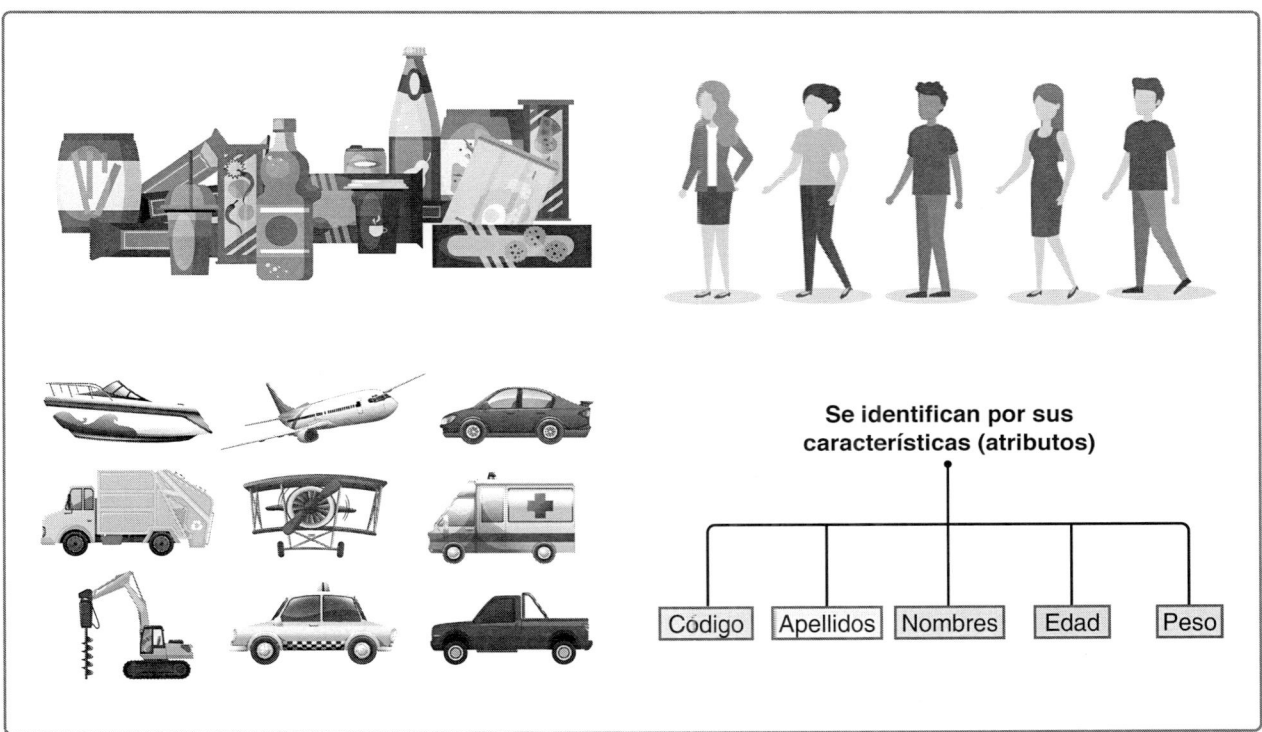

Se identifican por sus características (atributos)

Código	Apellidos	Nombres	Edad	Peso

En particular, cuando se toman los datos de los alumnos, estos se deben guardar en un archivo o en una tabla organizada de acuerdo con su tipo.

En adelante, para el tratamiento de estos procesos, se deberá usar una clave primaria y una clave foránea.

a. **Clave primaria.** Permite la integridad de los registros.

b. **Clave foránea.** Permite mezclar las tablas organizadas según su modelo relacional.

Hacer referencia a los registros significa referirse a los objetos del mundo real porque estos son identificados por las características que posee cada objeto (persona, vehículo, animal, etc.).

Un registro es una estructura para almacenar datos, los cuales pueden ser de diferentes tipos. Se procesan en memoria en modo RAM.

Observación:

Python no dispone en su librería estándar de este tipo de datos. Sin embargo, se puede usar una variable de tipo lista como un recipiente natural para almacenar un registro, puesto que las listas en Python pueden contener componentes de diferentes tipos y, además, pueden modificarse.

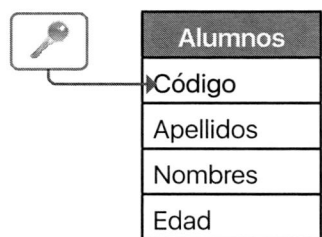

Si se requiere manejar varios registros, cada uno de ellos almacenado en una lista, se puede definir una lista de listas. Además, los componentes se pueden manejar mediante índices.

Ejemplo:

Hacer el diseño lógico para almacenar los registros de los artículos de una empresa. Se debe ir agregando cada uno a una lista.

Solución:

Se simula el diseño lógico al nivel de algoritmos y estructura de datos o lenguaje de programación C++ 5.02, pues en Python se usan listas para procesar registros.

Diseño lógico del registro (lista):

Código: Entero.

Precio: Real.

Variables:

Reg: Lista, indica que es un contenedor de un registro.

Observación:

Como Python es un lenguaje orientado a objetos, tiene clases pero no registros, motivo por el cual se usarán listas. Si se usan objetos, se debe encontrar la librería récord.

Considerar la siguiente información de tres personas con datos almacenados en listas:

Alumn1 = ["Juan Silva"," 991",15....]

Alumn2 = ["Ana Per"," 997",20....]

Alumn3 = ["Pedro "," 988",21....]

Diseñar un programa que permita crear dos actas: Formato1 y Formato2.

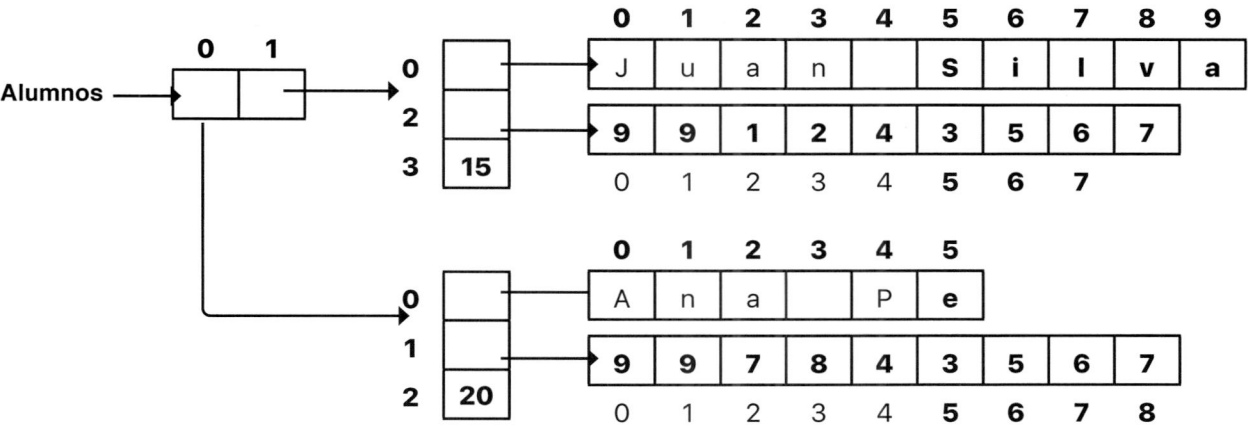

Aquí se ha construido una lista. Debemos recordar que se pueden hacer listas de listas.

```
Python 3.6.4 Shell                                              _ □ ×
File   Edit   Shell   Debug   Options   Window   Help

Listado por cada alumno en Lista
Alumno[ 1 ] =  ['Juan Silva', ' 991', 15]
Alumno[ 2 ] =  ['Ana Per', ' 99784', 20]
Alumno[ 3 ] =  ['Pedro ', ' 988', 21]

Tipos de Actas
 Formato 1 =  [['Juan Silva', ' 991', 15], ['Ana Per', ' 99784', 20], ['Pedro ', ' 988', 21]]
 Formato 1 =  ['Juan Silva', ' 991', 15, 'Ana Per', ' 99784', 20, 'Pedro ', ' 988', 21]
>>>
                                                          Ln: 14   Col: 93
```

Cursos Notas

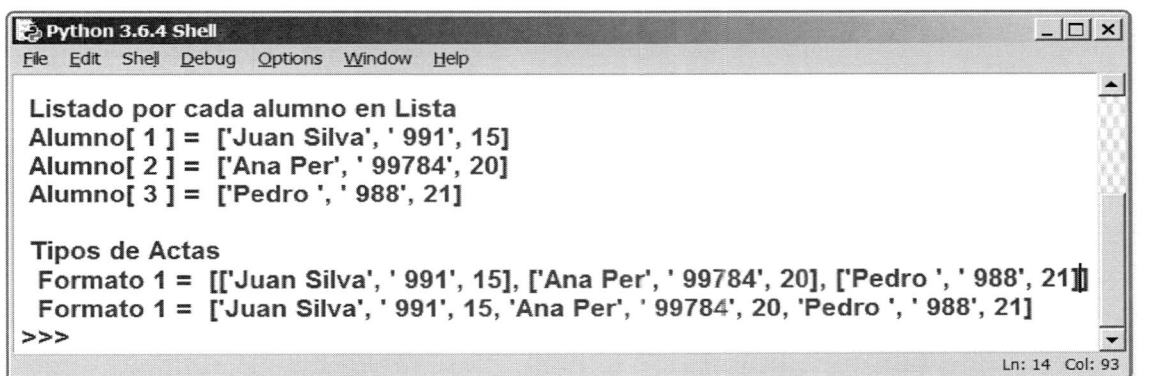

```
*Reg_lista_personas.py - F:/Cap_X_Registros/Reg_lista_personas.py (3.6.4)*
File  Edit  Format  Run  Options  Window  Help

Alum1=["Juan Silva"," 991",15]
Alum2 =["Ana Per"," 99784",20]
Alum3 =["Pedro "," 988",21]
Alumnos=[Alum1,Alum2,Alum3]
k=0
print(" Listado por cada alumno en Lista")
for persona in Alumnos:
    k=k+1
    print(" Alumno[",k,"] = ",persona)
Alumnoss=Alum1+Alum2+Alum3
print(" Tipos de Actas ")
print(" Formato 1 = ",Alumnos)
print(" Formato 1 = ",Alumnoss)

                                          Ln: 15  Col: 0
```

Ejemplo:

Diseñar un programa que permita almacenar productos identificados por código, cantidad, precio y nombre. Luego, ejecutar los siguientes reportes:

a. Del producto1.

b. Del producto2.

c. Listado de productos.

d. Producto con mayor cantidad y su nombre.

e. Nombre y precio del producto1.

f. Las cuatro primeras letras del producto1.

Solución:

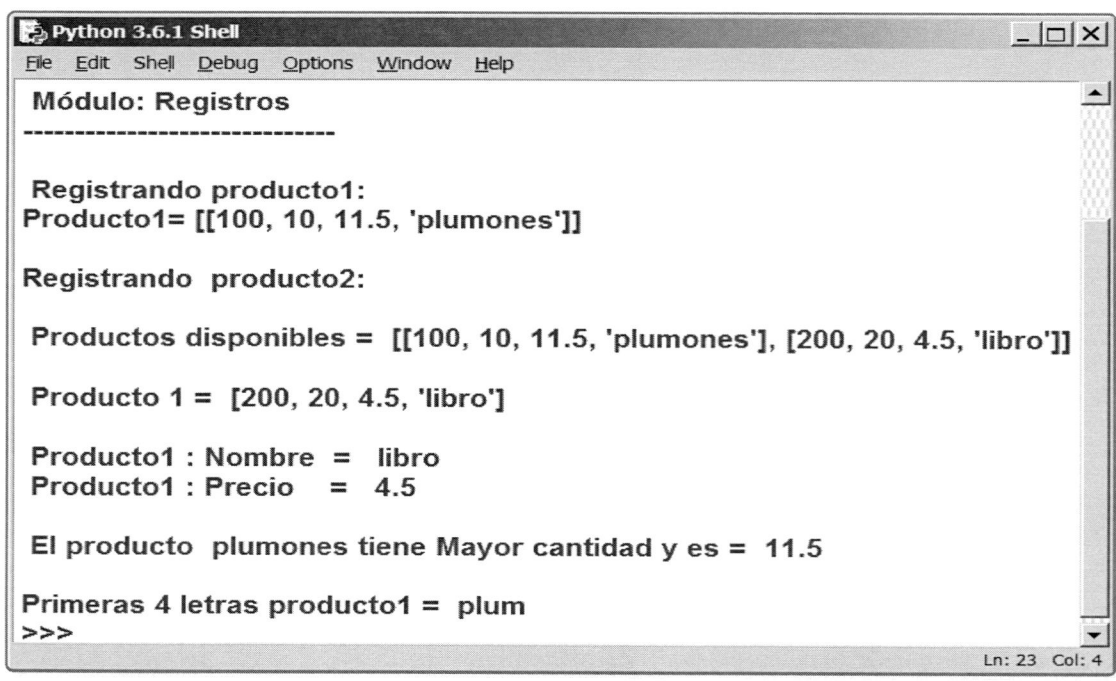

```
Python 3.6.1 Shell
File  Edit  Shell  Debug  Options  Window  Help

 Módulo: Registros
 -----------------------------

 Registrando producto1:
Producto1= [[100, 10, 11.5, 'plumones']]

Registrando  producto2:

 Productos disponibles =  [[100, 10, 11.5, 'plumones'], [200, 20, 4.5, 'libro']]

 Producto 1 =  [200, 20, 4.5, 'libro']

 Producto1 : Nombre  =   libro
 Producto1 : Precio   =   4.5

 El producto  plumones tiene Mayor cantidad y es =  11.5

 Primeras 4 letras producto1 =  plum
>>>
                                          Ln: 23  Col: 4
```

```
*Reg_productos_1.py - F:/python_Julio_2017/Reg_productos_1.py (3.6.1)*        _ □ X
File  Edit  Format  Run  Options  Window  Help

print(" Módulo: Registros")
print("--------------------------------")
datos =[]                    #   Inicia el contenedor de registros (lista)
print(" Registrando producto1: ")
registr=[100,10,11.5,'plumones']  #        Descripción del primer producto
datos=datos+[registr]            #        Agregar registro a la lista
print("Producto1=",datos)
print("")
print("Registrando  producto2:")
registr=[200,20,4.5,'libro'] #        Descripción del segundo producto
datos=datos+[registr]                # Agregar registro a la lista
print(" Productos disponibles = ",datos )
print("")
print(" Producto 1 = ", datos[1])
print("")
print(" Producto1 : Nombre  = ",datos[1][3])
a=datos[0][2]
print(" Producto1 : Precio   = ",datos[1][2])
b=datos[1][2]
if(a>b):
    print(" El producto ",datos[0][3],"tiene Mayor cantidad y es = ",a)
else:
    print(" El producto ",datos[1][3],"tiene Mayor cantidad y es == = ",b)
print("Primeras 4 letras producto1 = ",datos[0][3][0:4])
                                                            Ln: 18  Col: 0
```

Ejemplo:

Diseñar un programa que permita validar a los usuarios de un sistema informático. Los datos de validación son: User = 100 y Password = 123.

Si los datos son introducidos correctamente, el sistema permite simular un sistema de mantenimiento de n productos. Estos se identifican mediante los siguientes campos o atributos: Cod(código), Cant(cantidad), Prec(precio), Nomb(nombre) y proc(procedencia).

Los procesos a ejecutar deben estar disponibles en un menú de opciones como las siguientes:

a. **Ingresar.** Opción que permite leer los datos de cada producto.

b. **Consultas.** Opción que permite buscar un producto por código.

c. **Compras.** Opción que permite incrementar el almacén.

d. **Ventas.** Opción que permite hacer ventas.

e. **Eliminar.** Opción que permite eliminar productos.

f. **Finalizar.** Opción que permite salir del sistema de mantenimiento.

Solución:

Se usarán listas para almacenar los registros.

Variables:

Registros: Es una lista cuyos componentes son listas que representan registros.

Tabla de productos

	Código	Cantidad	Precio (S/)	Nombre	Procedencia
1	100	120	10	Libros	Chile
2	200	40	300	Impresoras	Japón
3	300	50	600	Tablets	Alemania
....	....	....	....	....	....

Interfaz de autentificación

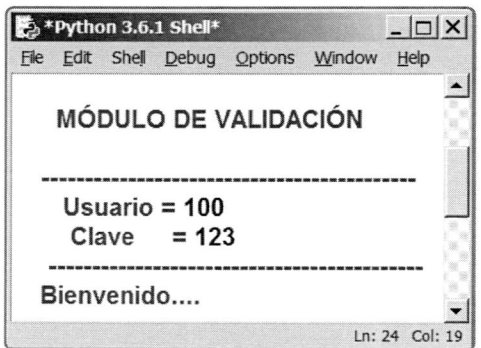

Interfaz del sistema

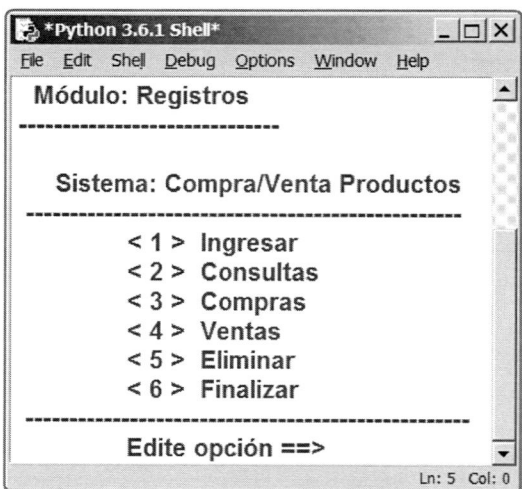

Opción 1

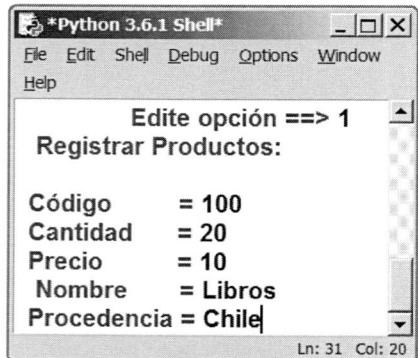

Opción 2

Opción 3

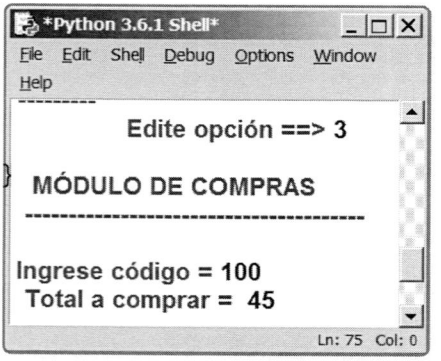

Opción 4

Opción 5

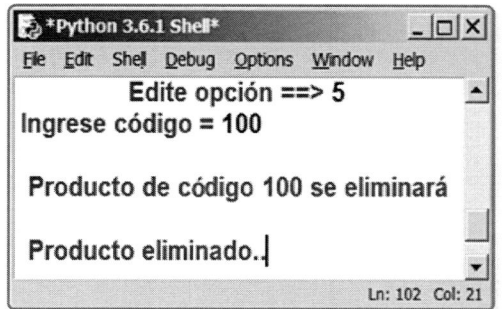

Opción 6

En los procesos de compra, por cada compra el stock se incrementa. Asimismo, para las ventas, después de una venta el stock disminuye.

Finalmente, si se usa el proceso de eliminar, todo el stock del producto eliminado, según su código, desaparecerá.

Si los datos de validación se introducen con algún error, el sistema envía el mensaje siguiente: **"Error en sus datos... Adiós."**.

Solo acepta tres errores; superados estos, el sistema finaliza.

A continuación, se mostrará el código fuente.

```python
print("")
print("       MÓDULO DE VALIDACIÓN    ")
print("")
print("   --------------------------------------------")

user=int(input("       Usuario = "))
psw=int(input("       Clave    = "))
if user ==100 and psw==123:
    print("   --------------------------------------------")
    print("   Bienvenido....")
    print(" ")
    registros=[]
    while True:
        print("")
        print("    Sistema: Compra/Venta Productos")
        print(" --------------------------------------------")
        print(' \t< 1 >  Ingresar ')
        print(' \t< 2 >  Consultas')
        print(' \t< 3 >  Compras')
        print(' \t< 4 >  Ventas ' )
        print(' \t< 5 >  Eliminar ')
        print(' \t< 6 >  Finalizar')
        print(" --------------------------------------------")
        opc=input(' \tEdite opción ==> ')
        if opc=='1':
            print("  Registrar Productos: ")
            print("")
            cod=int(input(' Código      = '))
            cant=int(input(' Cantidad    = '))
```

56

Python desde el laboratorio - Registros, archivos y programación dinámica
TEODORO CÓRDOVA NERI, MSc Y DRA. SARA ARANA TORRES

```python
        prec=float(input(' Precio       = '))
        nomb=str(input('  Nombre       = '))
        proc=str(input(" Procedencia = "))
        reg=[cod,cant,prec,nomb,proc]
        registros=registros+[reg]
    elif opc=='2':
        print("")
        print(" MÓDULO DE BÚSQUEDA ")
        print(" ----------------------------------")
        print("")
        c=int(input('Ingrese código = '))
        p=-1;
        for i in range(len(registros)):
            if c==registros[i][0]:
                p=i
                break
        if p<0:
            print('Producto no registrado ')
        else:
            print("")
            print(' Cantidad     = ',registros[p][1])
            print( ' Precio       =  ',registros[p][2])
            print(' Nombre       = ',registros[p][3])
            print(" Procedencia  = ",registros[p][4])
    elif opc=='3':
        print("")
        print("  MÓDULO DE COMPRAS ")
        print(" -------------------------------------")
        print("")
        c=int(input('Ingrese código = '))
        p=-1;
        for i in range(len(registros)):
            if c==registros[i][0]:
                p=i

                break
        if p<0:
            print('Producto no existe')
        else:
            k=int(input(' Total a comprar =  '))
            registros[p][1]=registros[p][1]+k
    elif opc=='4':
        print("")
        print(" MÓDULO DE VENTAS")
        print("  -----------------------------")
        print("")
        c=int(input('Ingrese código = '))
        p=-1;
        for i in range(len(registros)):
            if c==registros[i][0]:
                p=i
                break
        if p<0:
            print('Producto no existe')
```

```
        else:
            k=int(input(' Cantidad a vender = '))
            registros[p][1]=registros[p][1]-k

    elif opc=='5':
        c=int(input('Ingrese código = '))
        p=-1;
        for i in range(len(registros)):
            if c==registros[i][0]:
                p=i
                break
        if p<0:
            print('Artículo no existe')
        else:
            print(" Producto de código ", c ,"se eliminará ")
            del registros[p]
            print("")
            print(" Producto eliminado..")
    elif opc=='6':
        print('Gracias por su visita.....')
else:
    print(" Error en sus datos.. Adiós..")
```
Ln: 102 Col: 0

Ejemplo:

Diseñar un programa que permita procesar los datos de n alumnos según el código autogenerado de ocho dígitos (usar el algoritmo del módulo 11), apellidos y edad. Por cada alumno, leer su respectivo curso por código y sus cuatro notas. Luego, mostrar los datos según el menú a partir de la opción 2 mostrada en las siguientes interfaces.

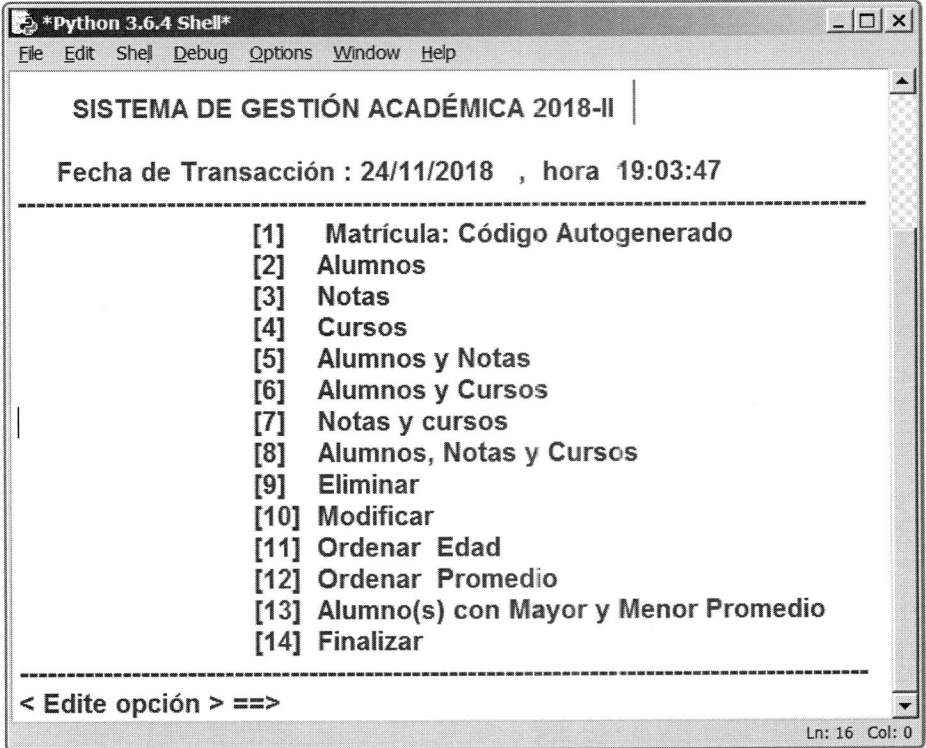

```
SISTEMA DE GESTIÓN ACADÉMICA 2018-II

Fecha de Transacción : 24/11/2018   ,  hora  19:03:47
---------------------------------------------------------
            [1]    Matrícula: Código Autogenerado
            [2]  Alumnos
            [3]  Notas
            [4]  Cursos
            [5]  Alumnos y Notas
            [6]  Alumnos y Cursos
            [7]  Notas y cursos
            [8]  Alumnos, Notas y Cursos
            [9]  Eliminar
            [10] Modificar
            [11] Ordenar  Edad
            [12] Ordenar  Promedio
            [13] Alumno(s) con Mayor y Menor Promedio
            [14] Finalizar
---------------------------------------------------------
< Edite opción > ==>
```
Ln: 16 Col: 0

a. **Opción 1.** Permite validar datos de usuarios por: user=100 y clave=123. Si los datos son correctos, el sistema envía el código autogenerado. Para obtener este código, se debe generar en forma aleatoria un número de ocho cifras y, luego, multiplicar cada dígito por 2, 43, 4, 5, 6, 7, 8, 9, y, posteriormente, sumar tales valores. Al resultado de la suma hay que aplicar el algoritmo de módulo 11: suma%11. Si resta = 0, asignar A; si resta = 1, asignar B y, de este modo, continuar sucesivamente hasta restar 9. Finalmente, leer los apellidos y la edad, sus cursos por código (solo de tres cifras) y cuatro notas (todas en el rango [0..20]).

Solución:

En la siguiente interfaz se ilustra lo solicitado.

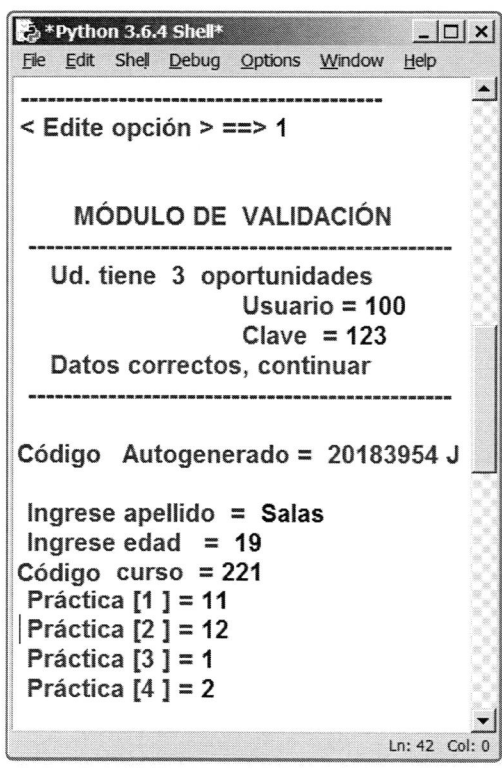

b. **Opción 2.** Listado de alumnos y su información.

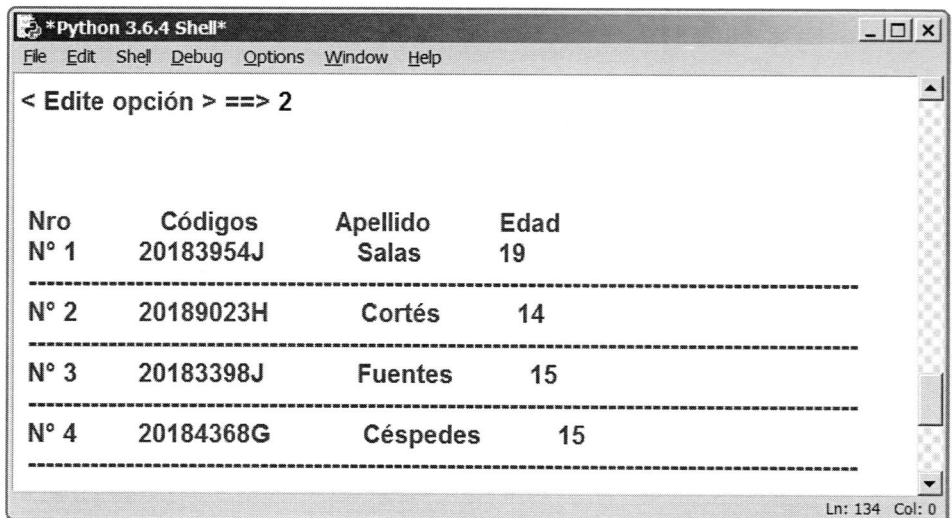

c. **Opción 3.** Listado de cursos y su información.

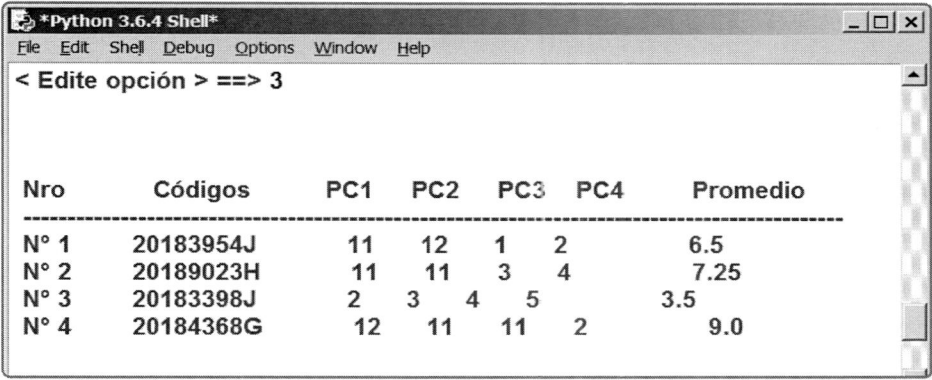

d. **Opción 4.** Listado de alumnos y su información.

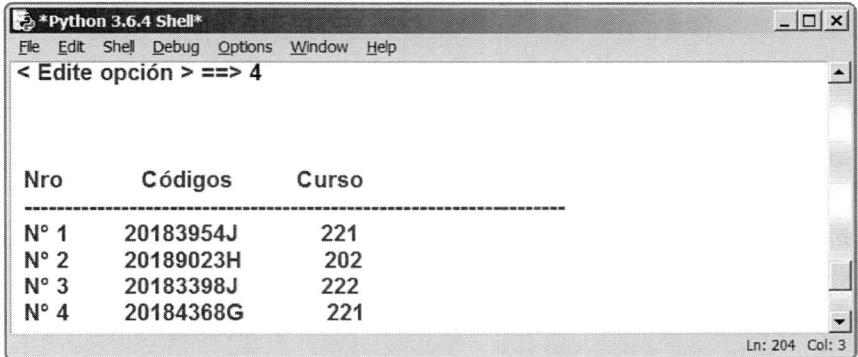

e. **Opción 5.** Listado de alumnos por código, apellidos, sus notas y su promedio.

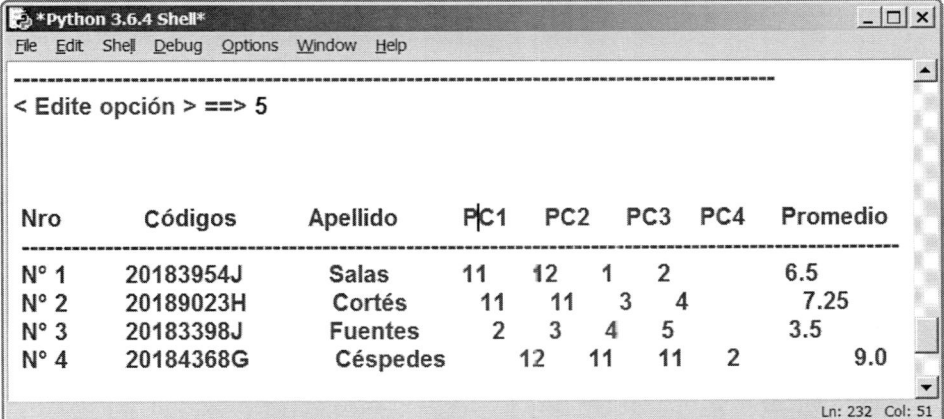

f. **Opción 6.** Listado de alumnos por código, apellidos y sus cursos.

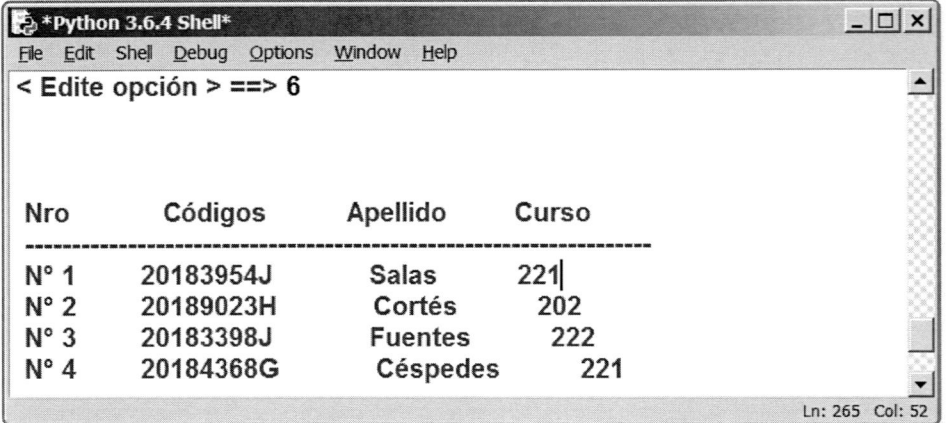

g. **Opción 7.** Listado de alumnos por código, sus cursos por código, notas y su promedio.

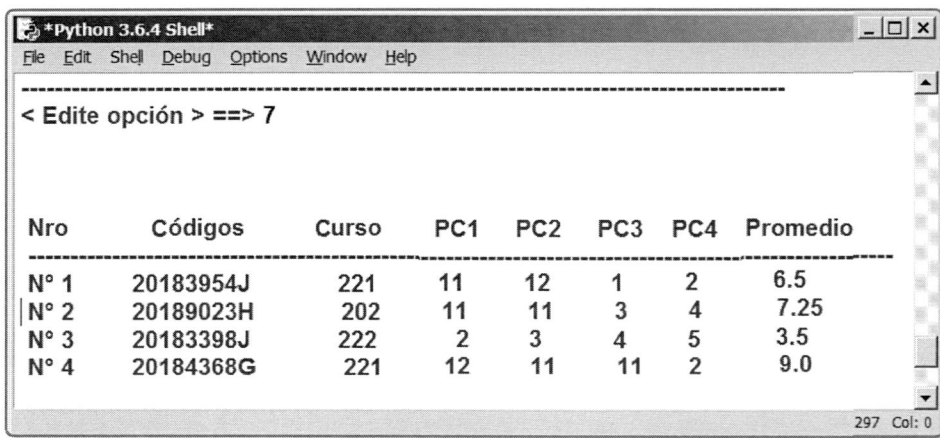

h. **Opción 8.** Listado de alumnos por código, apellidos, edad, sus cursos por código y cuatro notas.

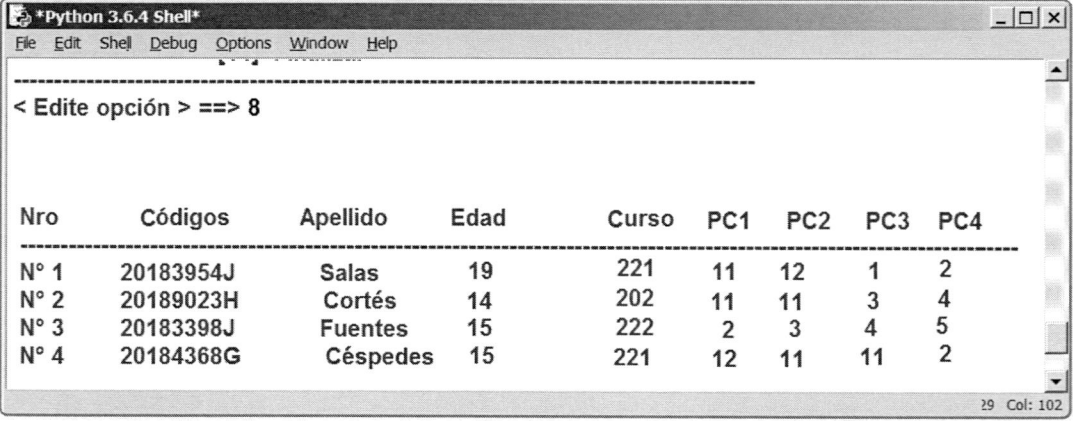

Continuar así hasta llegar a la opción 13.

----

i. **Opción 13.** Alumno con mayor y menor promedio.

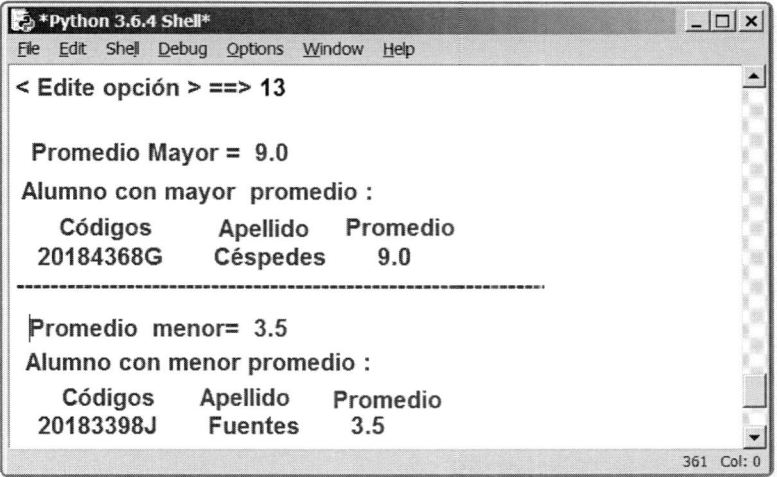

Solución:

A continuación, se presentará el código fuente.

```
import time
import datetime
codigos=[]; apellidos=[]; edad=[];nota=[];notee=[];cursos=[];lista=[];lista1=[]
apellido1=[];codigos1=[];nota1=[];nota2=[];cursos1=[];edad2=[];codigos2=[]
apellido2=[];promedio=[];promedio1=[];promedio2=[];cursos2=[];listaqq=[];listaww=[]
a=0;suma=0
def Insertar():
    while True:
        ne=1
        global a, notee, nota,suma, promedio
        while (ne<4):
            print("      MÓDULO DE  VALIDACIÓN ")
            print(" -----------------------------------------")
            print("   Ud. tiene ",4-ne," oportunidades ")
            cod=int(input("\t\tUsuario = "))
            pasw=int(input("\t\tClave  = "))
            if(cod==100) and (pasw==123):
                print("   Datos correctos, continuar ")
                print(" -----------------------------------------")
                break
            else:
                ne=ne+1
        if (ne==4):
            print(" Finalizó con sus oportunidades, regresar al menú")
            print("")
            menu()
        cod=randint(20180000,20189999)
        t=1
```

```python
s=0
aux=cod
while True:
    if t<=6:
        s=s+(8-t)*(cod%10)
        cod=int(cod/10)
        t=t+1
        mod11=s%11
    else:break
if(mod11==0):
    print("")
    print("código Autogenerado = ",aux,"A")
    if((str(aux)+"A") not in codigos):
        codigos.insert(a,str(aux)+"A")
    else:
        print("código repetido,vuelva a intentar...")
        Insertar()
if(mod11==1):
    print("")
    print("código Autogenerado = ",aux,"B")
    if((str(aux)+"B") not in codigos):
        codigos.insert(a,str(aux)+"B")
    else:
        print("código repetido, vuelva a intentar")
        Insertar()
if(mod11==2):
    print("")
    print("código Autogenerado = ",aux,"C")
    if((str(aux)+"C") not in codigos):
        codigos.insert(a,str(aux)+"C")
    else:
        print("código repetido, vuelva a intentar")
        Insertar()
if(mod11==3):
    print("")
    print("código Autogenerado = ",aux,"D")
    if((str(aux)+"D") not in codigos):
        codigos.insert(a,str(aux)+"D")
    else:
        print("código repetido, vuelva a intentar")
        Insertar()
if(mod11==4):
    print("")
if(mod11==4):
    print("")
    print("código Autogenerado = ",aux,"E")
    if((str(aux)+"E") not in codigos):
        codigos.insert(a,str(aux)+"E")
    else:
        print("código repetido, vuelva a intentar")
        Insertar()
if(mod11==5):
    print("")
    print("código Autogenerado = ",aux,"F")
    if((str(aux)+"F") not in codigos):
```

```
        codigos.insert(a,str(aux)+"F")
      else:
        print("código repetido, vuelva a intentar")
        Insertar()
if(mod11==6):
    print("")
    print("código Autogenerado = ",aux,"G")
    if((str(aux)+"G") not in codigos):
      codigos.insert(a,str(aux)+"G")
    else:
      print("código repetido, vuelva a intentar")
      Insertar()
if(mod11==7):
    print("")
    print("código Autogenerado = ",aux,"H")
    if((str(aux)+"H") not in codigos):
      codigos.insert(a,str(aux)+"H")
    else:
      print("código repetido,vuelva a intentar ")
      Insertar()
if(mod11==8):
    print("")
    print("código Autogenerado = ",aux,"I")
    if((str(aux)+"I") not in codigos):
      codigos.insert(a,str(aux)+"I")
    else:
      print("código repetido, vuelve a intentar")
      Insertar()
if(mod11==9):
    print("")
    print("código Autogenerado = ",aux,"J")
    if((str(aux)+"J") not in codigos):
      codigos.insert(a,str(aux)+"J")
    else:
      print("código repetido, vuelva a intentarlo")
      codigos.insert(a,str(aux)+"J")
    else:
      print("código repetido, vuelva a intentarlo")
      Insertar()
if(mod11==10):
    print("")
    print("código Autogenerado = ",aux,"K")
    if((str(aux)+"K") not in codigos):
      codigos.insert(a,str(aux)+"K")
    else:
      print("código repetido, vuelva a intentarlo")
      Insertar()
print("")
apell=input(" Ingrese apellido  = ")
while True:
    ed=int(input(" Ingrese edad   = "))
    if (ed>0)and(ed<90):
      break
    else:
      print(" Ingresó edad no válida")
```

```python
            print("")
        cur=input("código curso  = ")
        while True:
            for i in range (4):
                while True:
                    nt=int(input(f" Práctica [{i+1} ] = "))
                    if (nt>=0)and(nt<21):
                        notee.insert(i,nt)
                        suma=suma+notee[i]
                        break
                    else:
                        print("Nota solo es válida entre : (0,20) ")
                        print("")
            prom=suma/4
            promedio.insert(a,prom)
            nota.insert(a,notee)
            suma=0
            notee=[]
            break
        apellidos.insert(a,apell)
        edad.insert(a,ed)
        cursos.insert(a,cur)
        a=a+1
        print("")
        resp=input("Desea continuar...? (S/N)==> ")
        if (resp=='s')or(resp=='S'):
            print("----------------------------------------------")
        else:
            print("----------------------------------------------")
            print("")
            menu()

def tablaAlumno():
    print("")
    print(" Nro        Códigos        Apellido        Edad")
    for i in range(a):
        print(" N°",i+1,"       ",codigos[i],"          ",apellidos[i],"        ",edad[i])
        print(" -------------------------------------------------------------------------------")
    print("")
    menu()

def tablaNota():
    print("")
    print(" Nro         Códigos        PC1    PC2    PC3    PC4        Promedio")
    print(" -------------------------------------------------------------------------")
    for i in range(a):
        k=0
        print(" N°",i+1," ",codigos[i]," ",nota[i][k]," ",nota[i][k+1]," ",nota[i][k+2],"",nota[i][k+3]," ",promedio[i])
    print("")
    menu()

def tablacursos():
    print("")
    print(" Nro        Códigos        Cursos")
    print(" ----------------------------------------------------------")
    for i in range(a):
        print(" N°",i+1,"      ",codigos[i],"           ",cursos[i])
    print("")
    menu()

def tAtN():
    print(" Nro        Códigos        Apellido      PC1    PC2    PC3    PC4    Promedio")
    print(" -----------------------------------------------------------------------------------")
```

```
def tAtN():
  print(" Nro        Códigos      Apellido     PC1    PC2    PC3    PC4    Promedio")
  print(" ------------------------------------------------------------------------------")
  for i in range(a):
    k=0
    print(" N°",i+1,"","codigos[i],"","apellidos[i],"","nota[i][k],"","nota[i][k+1],"","nota[i][k+2],"","nota[i][k+3],"","prc
  print("")
  menu()
def tablacursos():
  print("")
  print(" Nro        Códigos      Cursos")
  print(" --------------------------------------------------------")
  for i in range(a):
    print(" N°",i+1,"     ",codigos[i],"          ",cursos[i])
  print("")
  menu()
def tAtN():
  print(" Nro        Códigos      Apellido     PC1    PC2    PC3    PC4    Promedio")
  print(" ------------------------------------------------------------------------------")
  for i in range(a):
    k=0
    print(" N°",i+1,"","codigos[i],"","apellidos[i],"","nota[i][k],"","nota[i][k+1],"","nota[i][k+2],"","nota[i][k+3],"","prc
  print("")
  menu()
def tAtC():
  print(" Nro        Códigos      Apellido     Cursos")
  print(" ------------------------------------------------------")
  for i in range(a):
    print(" N°",i+1,"     ",codigos[i],"          ",apellidos[i],"          ",cursos[i])
  print("")
  menu()
def tNtC():
  print(" Nro        Códigos      Cursos         PC1    PC2    PC3    PC4           Promedio")
  print(" -------------------------------------------------------------------------------------")
  for i in range(a):
    k=0
    print(" N°",i+1,"  ",codigos[i]," ",cursos[i]," ",nota[i][k]," ",nota[i][k+1],"",nota[i][k+2]," ",nota[i][k+3],"",pro
  menu()
def tablaTotal():
  print(" Nro        Códigos      Apellido     Edad        Cursos         PC1    PC2    PC3    PC4")
  print(" ------------------------------------------------------------------------------------------")
  for i in range(a):
    k=0
    print(" N°",i+1,"","codigos[i],"","apellidos[i],"","edad[i],"","cursos[i]," ",nota[i][k]," ",nota[i][k+1],"",nota[i][k+2]
  menu()
def Eliminar():
  while True:
    global a
    buscar=input(" Ingrese  código a eliminar =  ")
    d=codigos.index(buscar)
    codigos.pop(d); apellidos.pop(d); edad.pop(d); nota.pop(d); cursos.pop(d);    promedio.pop(d)
    print("  Código Eliminado ")
    a=a-1
    resp=input(" Desea continuar Eliminando......? (S/N) ==> ")
    if (resp=='n')or(resp=='N'):
      menu()
    else:
      print("----------------------------------")
def Modificar():
  while True:
    buscar1=input(" Ingrese dato a modificar (Apellido, Edad, Nota) :")
```

```python
        if (buscar1=="códigos") or (buscar1=="Códigos :"):
            buscar2=input("  Ingrese código = ")
            m=códigos.index(buscar2)
            códigos.remove(buscar2)
            n=input(" Ingrese código a insertar = ")
            códigos.insert(m,n)
            print("código Insertado ")
        elif(buscar1=="Apellido")or(buscar1=="apellido : "):
            buscar3=input(" Ingrese Apellido a modificar:")
            p=apellidos.index(buscar3)
            apellidos.remove(buscar3)
            q=input(" Ingrese Apellido a insertar :")
            apellidos.insert(p,q)
            print("Apellido Insertado ")
        elif(buscar1=="Edad") or (buscar1=="edad"):
            buscar4=int(input("Ingrese edad  a modificar = "))

            r=edad.index(buscar4)
            edad.remove(buscar4)
            s=input(" Ingrese edad  a insertar :")
            edad.insert(r,s)
            print(" Edad Insertada")
        elif(buscar1=="cursos")or(buscar1=="cursos :"):
            buscar5=int(input(" Ingrese  curso a modificar = "))
            t=cursos.index(buscar5)
            cursos.remove(buscar5)
            u=input(" Ingrese  curso a insertar :")
            cursos.insert(t,u)
            print("Curso Insertado : ")
        else:
            print(" Error de entrada, no se  modificará  : ")
        resp=input(" Desea continuar....? ( S/N) ==> ")
        if (resp=='s') or (resp=='S'):
            print("-----------------------------------------")
        else:
            menu()
def Ordenar():
    while True:
        global a; global apellidos;  global códigos;global edad; global nota
        global cursos; global promedio; global lista; global lista1
        print("")
        m=input(" Ordenar  creciente o decreciente C/D==> ")
        print(" -------------------------------------------------------------")
        if (m=="c")or(m=="C"):
            for i in range(a):
                lista.insert(i,edad[i])
            edad.sort()
            for i in range(a):
                for j in range(a):
                    if(lista[i]==edad[j]):
                        lista1.insert(i,j)
            for i in range(a):
                apellido1.insert(lista1[i],apellidos[i])
            for i in range(a):
                códigos1.insert(lista1[i],códigos[i])
```

```python
        for i in range(a):
            nota1.insert(lista1[i],nota[i])
        for i in range(a):
            cursos1.insert(lista1[i],cursos[i])
        for i in range(a):
            promedio1.insert(lista1[i],promedio[i])
        códigos=códigos1
        apellidos=apellido1
        nota=nota1
        cursos=cursos1
        cursos=cursos1
        promedio=promedio1
        print("Ordenado en forma Creciente")
        print(" ---------------------------------------------------")
        lista1=[]
        lista=[]
        menu()
    elif (m=="d")or(m=="D"):
        for i in range(a):
            lista.insert(i,edad[i])
        edad.sort()
        for i in range(a):
            for j in range(a):
                if(lista[i]==edad[j]):
                    lista1.insert(i,j)
        for i in range(a):
            apellido1.insert(lista1[i],apellidos[i])
        for i in range(a):
            códigos1.insert(lista1[i],códigos[i])
        for i in range(a):
            nota1.insert(lista1[i],nota[i])
        for i in range(a):
            cursos1.insert(lista1[i],cursos[i])
        for i in range(a):
            promedio1.insert(lista1[i],promedio[i])
        códigos=códigos1
        apellidos=apellido1
        nota=nota1
        cursos=cursos1
        promedio=promedio1
        edad.reverse()
        apellidos.reverse()
        códigos.reverse()
        nota.reverse()
        cursos.reverse()
        promedio.reverse()
        print("Ordenado en forma Decreciente")
        lista1=[]
        lista=[]
        print("")
        menu()
    else:
        print(" Solo acepta c/C o d/D")
        res=input(" Desea continuar....? ( S/N) ==> ")
```

```python
            if (resp=='s')or(resp=='S'):
                print("------------------------------------")
            else:
                menu()
def Ordenarpro():
    while True:
        global apellidos
        global códigos
        global edad
        global nota
        global cursos
        global promedio
        global listaqq
        global listaww
        print("")
        m=input(" Se ordenará en Forma creciente o decreciente C/D ==> ")
        if (m=="c") or (m=="C"):
            for i in range(a):
                listaqq.insert(i,promedio[i])
            promedio.sort()
            for i in range(a):
                for j in range(a):
                    if(listaqq[i]==promedio[j]):
                        listaww.insert(i,j)
            for i in range(a):
                apellido2.insert(listaww[i],apellidos[i])
            for i in range(a):
                códigos2.insert(listaww[i],códigos[i])
            for i in range(a):
                edad2.insert(listaww[i],edad[i])
            for i in range(a):
                cursos2.insert(listaww[i],cursos[i])
            for i in range(a):
                nota2.insert(listaww[i],nota[i])
            códigos=códigos2
            apellidos=apellido2
            edad=edad2
            cursos=cursos2
            nota=nota2
            print("Ordenado en forma Creciente")
            print(" -------------------------------------------------")
            listaww=[]
            listaqq=[]
            menu()
        elif (m=="d")or(m=="D"):
            for i in range(a):
                listaqq.insert(i,promedio[i])
            promedio.sort()
            for i in range(a):
                for j in range(a):
                    if(listaqq[i]==promedio[j]):
                        listaww.insert(i,j)
            for i in range(a):
                apellido2.insert(listaww[i],apellidos[i])
            for i in range(a):
                códigos2.insert(listaww[i],códigos[i])
```

```python
        for i in range(a):
            edad2.insert(listaww[i],edad[i])
        for i in range(a):
            cursos2.insert(listaww[i],cursos[i])
        for i in range(a):
            nota2.insert(listaww[i],nota[i])
        códigos=códigos2
        apellidos=apellido2
        edad=edad2
        cursos=cursos2
        nota=nota2
        print("Ordenado en forma Creciente")
        print(" ----------------------------------------------------")
        listaww=[]
        listaqq=[]
        menu()
    elif (m=="d")or(m=="D"):
        for i in range(a):
            listaqq.insert(i,promedio[i])
        promedio.sort()
        for i in range(a):
            for j in range(a):
                if(listaqq[i]==promedio[j]):
                    listaww.insert(i,j)
        for i in range(a):
            apellido2.insert(listaww[i],apellidos[i])
        for i in range(a):
            códigos2.insert(listaww[i],códigos[i])
        for i in range(a):
            edad2.insert(listaww[i],edad[i])
        for i in range(a):
            cursos2.insert(listaww[i],cursos[i])
        for i in range(a):
            nota2.insert(listaww[i],nota[i])
        códigos=códigos2
        apellidos=apellido2
        edad=edad2
        cursos=cursos2
        nota=nota2
        nota.reverse()
        apellidos.reverse()
        códigos.reverse()
        edad.reverse()
        cursos.reverse()
        promedio.reverse()
        print("Ordenar en forma Decreciente : ")
        listaww=[]
        listaqq=[]
        menu()
    else:
        print("Solo acepta c/C o d/D")
        res=input("Desea continuar..? (S/N) ==> ")
        if (resp=='s') or (resp=='S'):
            print(-----"----------------------------------------")
        else:
            menu()
def Mayment():
    maxi=0;    mini=20
    for i in range (a):
        if(maxi<promedio[i]):
            maxi=promedio[i]
```

```python
    for i in range(a):
        if(mini>promedio[i]):
            mini=promedio[i]
    print(" Promedio Mayor = ",maxi)
    m=promedio.index(maxi)
    print(" Alumno con mayor  promedio :")
    print(" Código      Apellido       Promedio")
    print("  ",códigos[m]," ",apellidos[m]," ",promedio[m])
    print("---------------------------------------------------------------")
    print("Promedio  menor= ",mini)
    n=promedio.index(mini)
    n=promedio.index(mini)
    print(" Alumno con menor promedio :")
    print(" Código      Apellido       Promedio")
    print("  ",códigos[n]," ",apellidos[n]," ",promedio[n])
    menu()
def menu():
    print("        SISTEMA DE GESTIÓN ACADÉMICA 2018-II")
    x = datetime.datetime.now()
    print("Fecha transacción : %s/%s/%s " % (x.day, x.month, x.year) , ", hora",time.strftime("
    print("---------------------------------------------------------------------")
    print("\t\t[1]    Matrícula: Código Autogenerado ")
    print("\t\t[2]    Alumnos")
    print("\t\t[3]    Notas ")
    print("\t\t[4]    Cursos")
    print("\t\t[5]    Alumnos y Notas")
    print("\t\t[6]    Alumnos y Cursos")
    print("\t\t[7]    Notas y cursos")
    print("\t\t[8]    Alumnos, Notas y Cursos")
    print("\t\t[9]    Eliminar  ")
    print("\t\t[10] Modificar ")
    print("\t\t[11] Ordenar  Edad")
    print("\t\t[12] Ordenar  Promedio")
    print("\t\t[13] Alumno(s) con Mayor y Menor Promedio ")
    print("\t\t[14] Finalizar   ")
    print("---------------------------------------------------------------------")
    orden=int(input("< Edite opción > ==> "))
    if (orden==1):
        Insertar()
    elif(orden==2):
        tablaAlumno()
    elif(orden==3):
        tablaNota()
    elif(orden==4):
        tablacursos()
    elif(orden==5):
        tAtN()
    elif(orden==6):
        tAtC()
    elif(orden==7):       tNtC()
    elif(orden==8):       tablaTotal()
    elif(orden==9):       Eliminar()
    elif(orden==10):      Modificar()
    elif(orden==11):      Ordenar()
    elif(orden==12):      Ordenarpro()
    elif(orden==13):      Mayment()
    else:
        exit()
menu()
```

Ln: 481   Col: 0

Ejercicio:

Implementar un programa para ejecutar las alternativas mostradas en la siguiente interfaz.

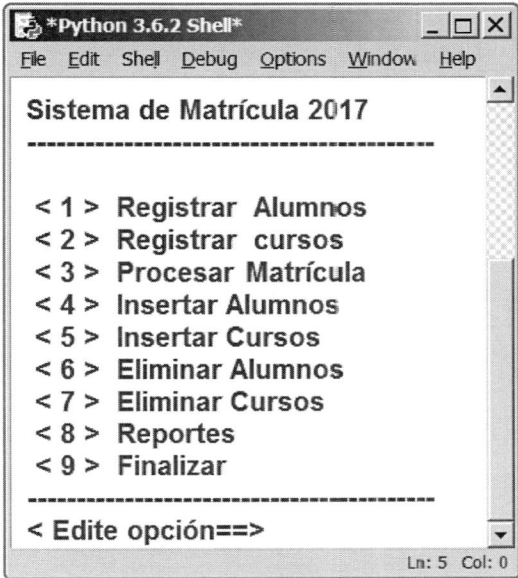

A continuación, se ilustra el modelo relacional de base de datos.

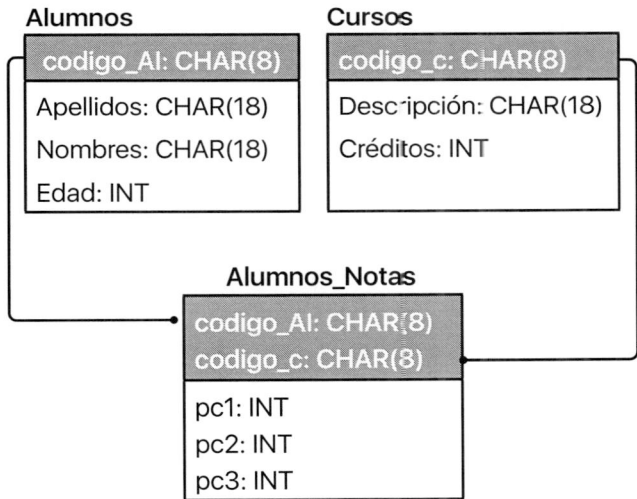

a. Validación. Tabla que contiene datos de un administrador del sistema. Este módulo solo acepta tres errores y luego finaliza con la aplicación.

Si es V, se deben diseñar las siguientes tablas:

b. Alumnos. Tabla que contiene datos de alumnos. Es definida por el usuario.

c. Cursos. Tabla que contiene datos de una asignatura. Es definida por el usuario.

d. Notas. Tabla que contiene las notas de los alumnos-cursos.

e. Hacer el mantenimiento según el menú de opciones.

Se ilustran las interfaces de solución. Hay que generar el programa fuente.

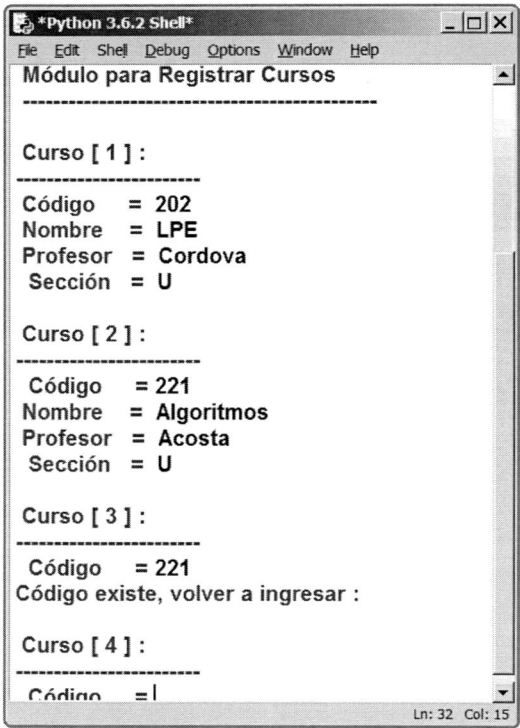

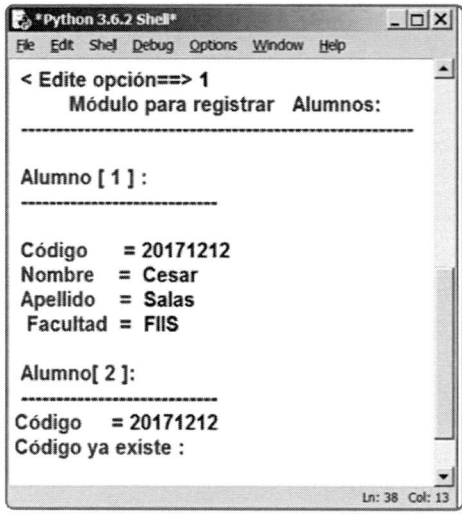

Ejemplo:

Diseñar un programa para leer n alumnos, sus datos, sus notas, su ciclo académico y sus cursos. Luego, mostrar los reportes del alumno y su información. Ver imágenes.

Solución:

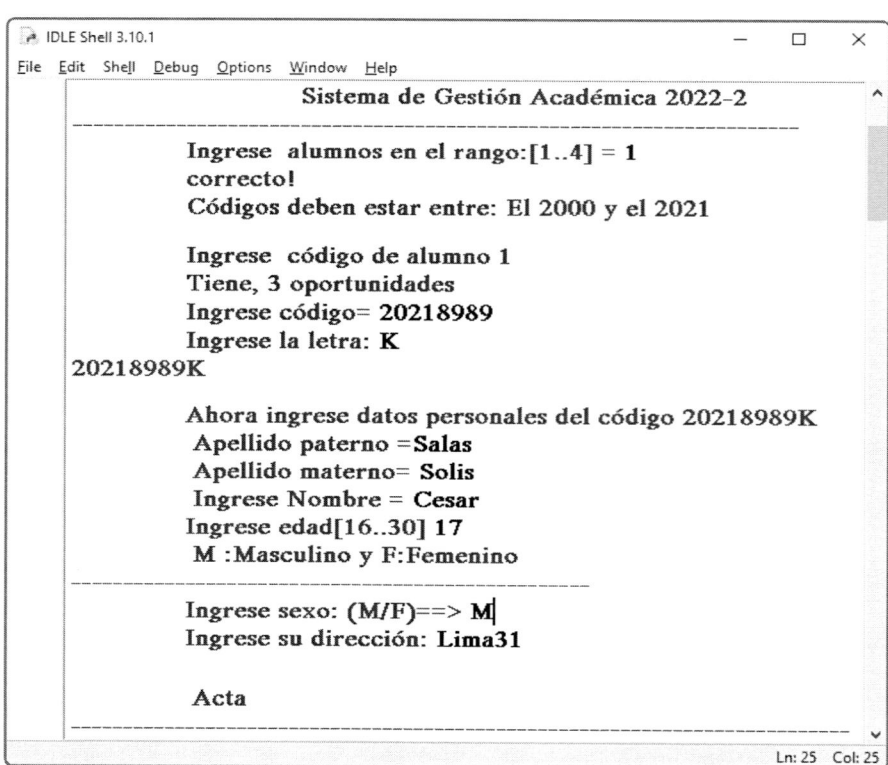

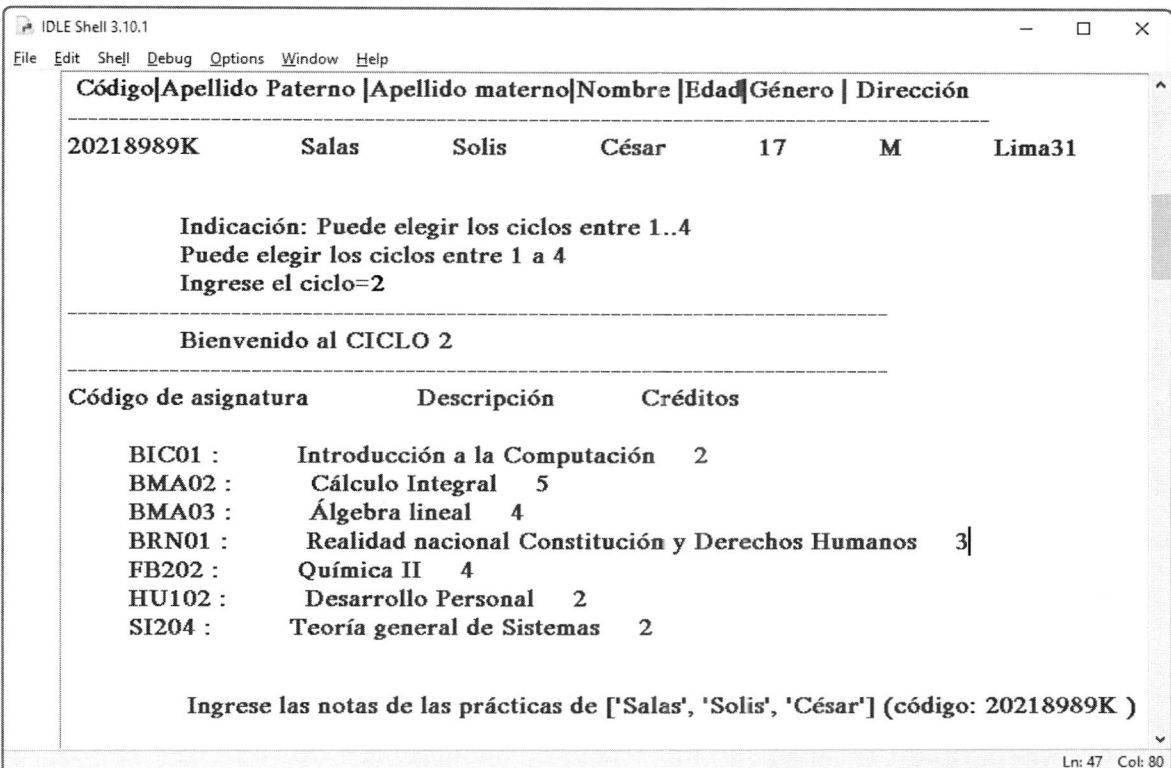

Se deben ingresar notas para cada curso de los cuatro ciclos.

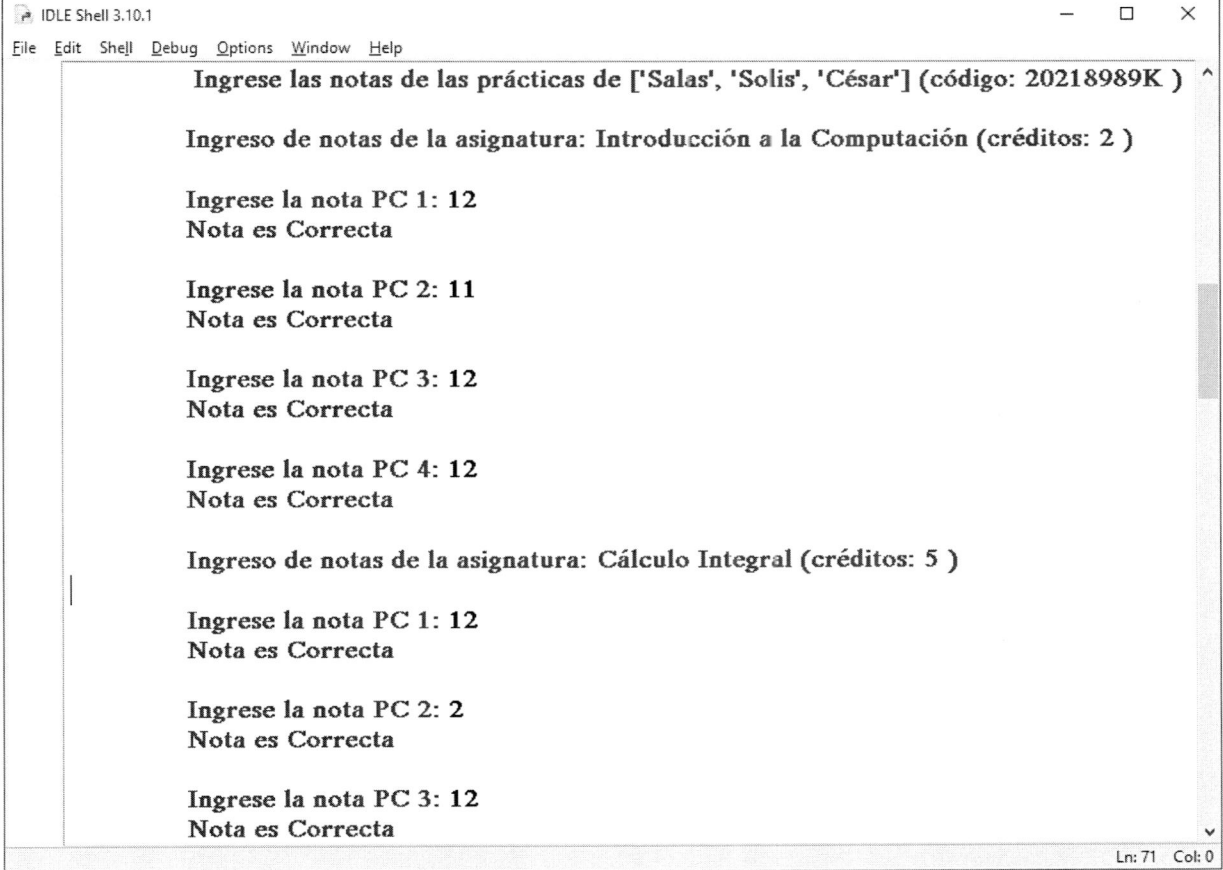

```
IDLE Shell 3.10.1                                              —  □  ×
File  Edit  Shell  Debug  Options  Window  Help
    Código de asignatura PC1  PC2  PC3  PC4  Menor nota  Promedio
    ------------------------------------------------------------
    BIC01         12  11  12  12     11      12.0
    BMA02         12   2  12   1      1       8.67
    BMA03          2  12  12   1      1       8.67
    BRN01         13  12   1  12     1 1     12.33
    FB202         13  12   1  11      1      12.0
    HU102         12   2   1  12      1       8.67
    SI204         12  12  12   1      1      12.0
2


            El promedio de la asignatura  BIC01 es:  12.0
            Curso aprobado

            El promedio de la asignatura  BMA02 es:  8.67
            Curso Desaprobado

            El promedio de la asignatura  BMA03 es:  8.67
            Curso Desaprobado

            El promedio de la asignatura  BRN01 es:  12.33
            Curso aprobado

            El promedio de la asignatura  FB202 es:  12.0
            Curso aprobado

            El promedio de la asignatura  HU102 es:  8.67
            Curso Desaprobado
                                                            Ln: 164  Col: 0
```

```
*registro.py - H:\LP_2022_OCT\registro.py (3.10.1)*             —  □  ×
File  Edit  Format  Run  Options  Window  Help
print("-"*70)
print("\t\tSistema de Gestión Académica 2022-2");
print("-"*70)
alm = 0;
while alm<1 or alm>4:
    try:
        alm=int(input("\tIngrese  alumnos en el rango:[1..4] = "))
    except ValueError:
        print("\tfuera de rango : 1..4")
def sexo ():
    print("\t M :Masculino y F:Femenino")
    print("-"*50)
    sexo = "0";
    while sexo!= "f" and sexo!= "F" and sexo!= "m" and sexo!= "M":
        try:
            sexo = str(input("\tIngrese sexo: (M/F)==> "))
            if sexo=="F" or sexo=="f":
                return sexo.upper()
            elif sexo=="m" or sexo=="M":
                return sexo.upper()
        except ValueError:
            print("Error. Vuelva a ingresar ")
```

```
def genedad():
    edad = 0
    while edad<16 or edad>30:
        try:
            edad=int(input("\tIngrese edad[16..30] "))
            if edad<16 or edad>30:
                edad=int(input("\t Ingrese edad ="))
        except ValueError:
print("-"*70)
print("\t\tSistema de Gestión Académica 2022-2");
print("-"*70)
alm = 0;
while alm<1 or alm>4:
    try:
        alm=int(input("\tIngrese  alumnos en el rango:[1..4] = "))
    except ValueError:
        print("\tfuera de rango : 1..4")
def sexo ():
    print("\t M :Masculino y F:Femenino")
    print("-"*50)
    sexo = "0";
    while sexo!= "f" and sexo!= "F" and sexo!= "m" and sexo!= "M":
        try:
            sexo = str(input("\tIngrese sexo: (M/F)==> "))
            if sexo=="F" or sexo=="f":
                return sexo.upper()
            elif sexo=="m" or sexo=="M":
                return sexo.upper()
        except ValueError:
            print("Error. Vuelva a ingresar ")
def genedad():
    edad = 0
    while edad<16 or edad>30:
        try:
            edad=int(input("\tIngrese edad[16..30] "))
            if edad<16 or edad>30:
                edad=int(input("\t Ingrese edad ="))
        except ValueError:
            print("Error al ingresar edad")
    return edad
def gencodigo():
    codigos_al = 0;    cont = 1
    while codigos_al<20000000 or codigos_al>20220000:
        try:
            if (codigos_al<20000000 or codigos_al>20220000) and (cont<4):
                print(f"\tTiene  {4-cont} oportunidades")
                cont= cont + 1
                codigos_al=int(input("\tIngrese código= "))
            else:
                print("\tYa no tiene más intentos")
                exit()
        except ValueError:
            print("\tError al ingresar el código")
```

```python
            print("\tIngrese nuevamente")
        codigos_al= str(codigos_al)
        codigo_le= str(input("\tIngrese la letra: "))
        while codigo_le.isalpha() == False:
            print("La parte ingresada no es una letra")
            codigo_le= str(input("Ingrese la letra: "))
        codigo_le= codigo_le.upper()
        codigo = codigos_al+codigo_le
        return codigo
alumnos = {}
print("\tcorrecto!")
print(" \tCódigos deben estar entre: el 2000 y el 2021")
codigos = [];
for i in range (alm) :
    print(f"\n\tIngrese  código de alumno {i+1}")
    codigo = gencodigo()
    while codigo in alumnos :
        print("\tError")
        codigo = gencodigo()
    codigos.append(codigo)
    print(codigo)
    print(f"\n\tAhora ingrese datos personales del código {codigo}")
    apellido_paterno = str(input(" \t Apellido paterno ="))
    apellido_materno = str(input("\t Apellido materno= "))
    nombre = str(input(" \t Ingrese Nombre = "))
    edad = genedad()
    genero = sexo();
    direccion = str(input("\tIngrese su dirección: "))
    lista=[apellido_paterno, apellido_materno, nombre, edad, genero, direc
    alumnos[codigo] = lista
print("\n")
print("\t Acta ")
print("-"*90)
print (" Código|Apellido Paterno |Apellido materno|Nombre |Edad|Género
print("-"*90)
for i in range(alm):
    print(codigos[i]," 	 ", end="       ")
    for i in range(6) :
        print(alumnos[codigos[i]][j], end="           ")
    print("\n");
ciclo = 0;
while ciclo<1 or ciclo>4:
    try:
        if ciclo<1 or ciclo>4:
            print("\n\tIndicación: Puede elegir los ciclos entre 1..4")
            print("\tPuede elegir los ciclos entre 1 a 4")
            ciclo=int(input("\tIngrese el ciclo="))
    except ValueError:
        print("\tIngresar número del ciclo dentro del rango")
def generarDiccionarioNotasPorCiclo(ciclo,cursos,alumnos,lista_codigos):
    print("-"*80)
    print("\tBienvenido al CICLO",ciclo)
```

```python
    print("-"*80);
    keys = list(cursos.keys())
    print("Código de asignatura        Descripción        Créditos")
    print("")
    for h in range(len(keys)) :
        print(f"      {keys[h]} :          {cursos[keys[h]][0]}     {cursos[keys[h]][1]}
    print("\n")
    notas_ciclo = {};
    for i in range(len(alumnos)):
        notas_curso = {};
        print("\n\t Ingrese las notas de las prácticas de",alumnos[codigos[i]][0:3],"(c
        for j in range(len(cursos)):
            lista_notas = [];
            print("\n\tIngreso de notas de la asignatura:",cursos[keys[j]][0],"(créditos
            for l in range(4):
                nota = -1;
                while(nota<0 or nota>20):
                    try:
                        nota=int(input(f"\n\tIngrese la nota PC {l+1}: ") )
                        if(nota<0 or nota>20):
                            print("\tError ");
                            print("\tInténtelo nuevamente....");
                        else:
                            print("\tNota es Correcta")
                    except ValueError:
                        print("\tError... Inténtelo nuevamente.")
                lista_notas.append(nota);
            promediopc=round((sum(lista_notas)-min(lista_notas))/(len(lista_notas)-1)
            lista_notas.append(promediopc)
            notas_curso[keys[j]] = lista_notas
        notas_ciclo[codigos[i]] = notas_curso
    return notas_ciclo
def reporte(notas_ciclo):
    print("\n\n")
    codigos = notas_ciclo.keys()
    lista = list(codigos)
    promediofinal=[]
    for i in range (len(codigos)):
        elemento = lista[i]
        print (f"\tRegistro de notas del alumno código {elemento}")
        print("\n")
        print("-"*25)
        print("Código de asignatura PC1 PC2 PC3 PC4 Menor nota  Promedio")
        print("-"*60)
        dic = notas_ciclo[elemento]
        lista_cursos = dic.keys()
        lista_cursos1 = list(lista_cursos)
        n = len(lista_cursos1)
        for i in range (n):
            print(f"  {lista_cursos1[i]}", end="              ")
            for j in range (4) :
                print(dic[lista_cursos1[i]][j], end=" ")
            print("   ",min(dic[lista_cursos1[i]]), end="     ")
            print(dic[lista_cursos1[i]][4])
        promediototal=[]
        print("\n")
        for i in range (n):
            print("\n\tEl promedio de la asignatura " ,lista_cursos1[i] ,"es: ",dic[lista_
```

```python
        promediototal.append(dic[lista_cursos1[i]][4])
        if dic[lista_cursos1[i]][4]>= 10 :
            print("\tCurso aprobado")
        else:
            print("\tCurso Desaprobado")
    promediofinal=sum(promediototal)/len(promediototal)
    print(f"\nPromedio final del alumno de código {elemento} es :", round(prom
    if promediofinal >= 10:
        print("\tCiclo Aprobado")
    else:
        print("\tCiclo Desaprobado")
if(ciclo == 1):
    #Escribir aquí los códigos, los nombres de los cursos del ciclo 1 y los créditos;
    cursos_1 = {"BEF01":["Ética y Filosofía Política", 2],
    "BMA01": ["Cálculo Diferencial", 5], "BQU01":["Química I", 5],
    "BRC01":["Redacción y Comunicación",2], "FB101":["Geometría Analítica",3],
    "GE101":["Introducción a la Ingeniería Industrial", 3], "TE101":["Dibujo de In
    notas_ciclo_1 = generarDiccionarioNotasPorCiclo(1,cursos_1,alumnos,codigos)
    reporte(notas_ciclo_1):
elif(ciclo == 2):
    cursos_2 = {"BIC01":["Introducción a la Computación", 2], "BMA02":["Cálculo Integr
    "BMA03":["Álgebra lineal", 4], "BRN01":["Realidad nacional Constitución y Derechos
    "FB202":["Química II", 4], "HU102":["Desarrollo Personal", 2],
    "SI204":["Teoría general de Sistemas", 2]}
    notas_ciclo_2 = generarDiccionarioNotasPorCiclo(2,cursos_2,alumnos,codigos);
    reporte(notas_ciclo_2)
elif(ciclo == 3):
    cursos_3 = {"BFI01":["Física I", 5], "FB301":["Matemática Discreta", 3],
    "FB303":["Cálculo Multivariable", 5], "HU301":["Metodología de la Investigación", 2],
    "TE302":["Diseño Asistido por Computador", 3], "TE401":["Termodinámica", 3]};
    notas_ciclo_3 = generarDiccionarioNotasPorCiclo(3,cursos_3,alumnos,codigos);
    reporte(notas_ciclo_3)
elif(ciclo == 4):
    cursos_4 = {"BEG01":["Economía General", 3], "FB305":["Estadística y Probabilidades
    "FB401":["Física II", 5], "FB403":["Ecuaciones Diferenciales", 5],
    "SI401":["Lenguaje de Programación", 3], "TE301":["Físico Química y Operaciones Un
    notas_ciclo_4 = generarDiccionarioNotasPorCiclo(4,cursos_4,alumnos,codigos);
    reporte(notas_ciclo_4)
```

Ln: 193   Col: 44

2.2. Archivos en Python

En Python, así como en otros lenguajes, los archivos se procesan en tres pasos: abrir, operar sobre ellos y, al finalizar, cerrar.

2.2.1. Apertura

Para abrir un archivo se debe usar la función open (), que recibe como parámetros el nombre del archivo y el modo en el que se debe abrir.

Métodos:

a. **r.** Solo lectura. No se podrá escribir en el archivo.

b. **w.** Solo escritura. Trunca el archivo en el momento de abrirlo.

c. **a.** Solo escritura. Escribe al final del archivo.

2.2.2. Lectura

Una vez abierto el archivo, se podrá leer el contenido de una cadena con read() y leer una línea con readline() u obtener una lista que contenga las líneas del archivo con readlines().

Archivo = open ('prueba.txt', 'r')

2.2.3. Escritura

Para escribir data en el archivo, se usan los métodos write y writelines.

Observaciones:

La función write escribe una cadena en el archivo y la función writelines recibe una lista de líneas para escribir. Por ejemplo, si se quisiera recrear el archivo lista.txt, es posible hacerlo de dos formas:

a. archivo = open('lista.txt', 'w')

b. archivo = open('lista.txt', 'a')

Entrada de datos:

archivo.write("Esto es\una prueba\...!")

archivo.writelines(['Esto es\n', 'un listado \n', 'de notas!'])

2.2.4. Cierre

Cuando termina sus procesos con los registros, se usa la función close(). Esto libera el archivo para ser usado por otros programas y, además, asegura que los cambios se guarcen.

La sentencia with permite llamar o disponer de datos en RAM.

A partir de Python 2.5, podemos simplificar un poco el código necesario para abrir y cerrar el archivo usando with.

Sintaxis:

: with open('prueba.txt') as archivo:

Conceptualización:

Lista.txt es un archivo de texto, con información de alumnos, disponible para hacer un mantenimiento.

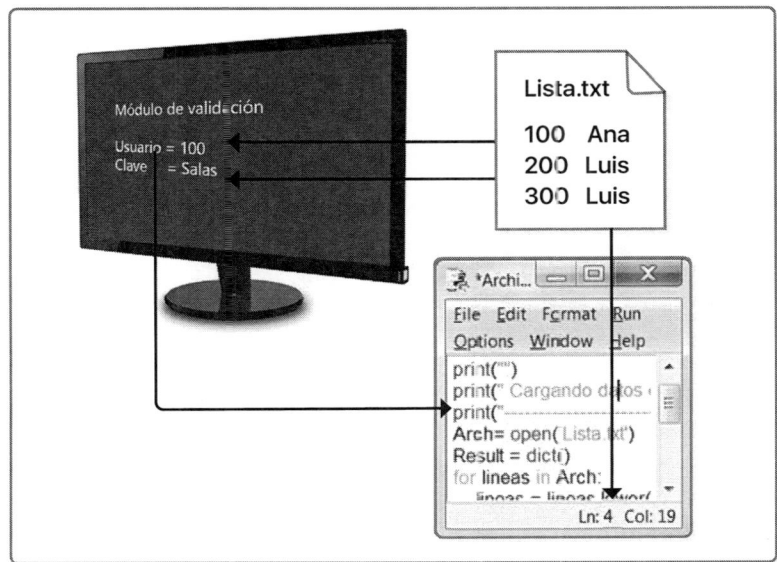

2.3. **Crear archivos**

Se consideran dos técnicas:

a. Archivos de texto.

b. Archivos de acceso aleatorio.

Con respecto a los archivos de texto, es una técnica para guardar la información de una cadena de caracteres.

No se necesita ningún formato, solo se deben editar sus datos de forma ordenada. Se puede usar Notepad, Word, Excel, etc. Se deben usar las marcas lógicas eoln() y eof() para sus procesos.

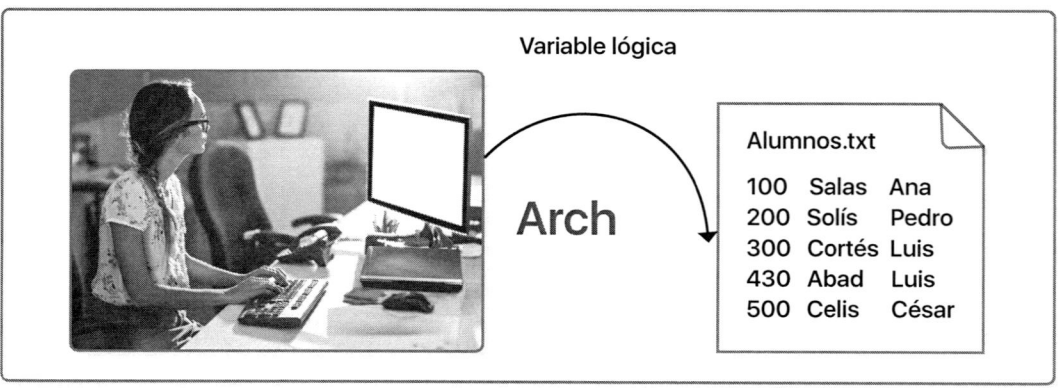

a. **Módulo conceptual para crear archivo:** write(). Permite crear un nuevo archivo.

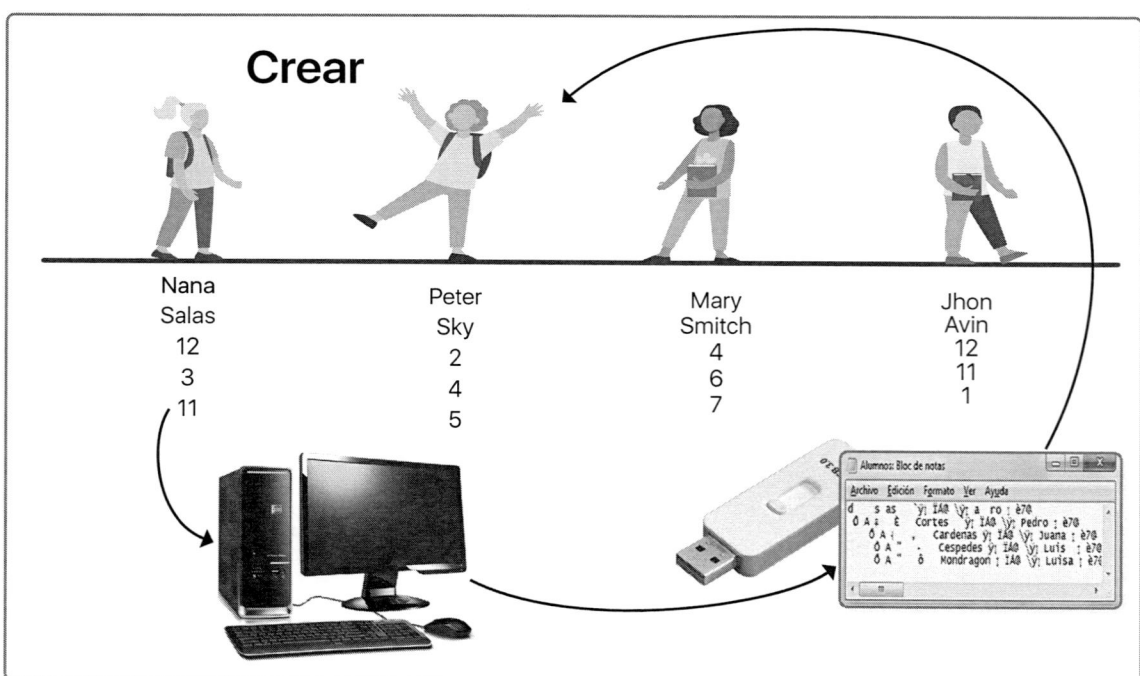

b. **Lectura de información de un archivo:** read().

Sintaxis:

```
arch = open ('Alumnos.txt','r')
print (" ",arch.read())
```

Ejemplo:

Crear un archivo Notas.txt que contenga cinco registros identificados por un código de tres dígitos y tres notas.

Solución:

Usando editor de texto Notepad

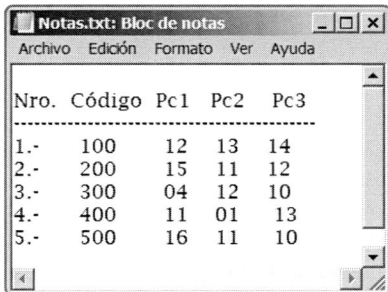

Usando procesador de texto Word

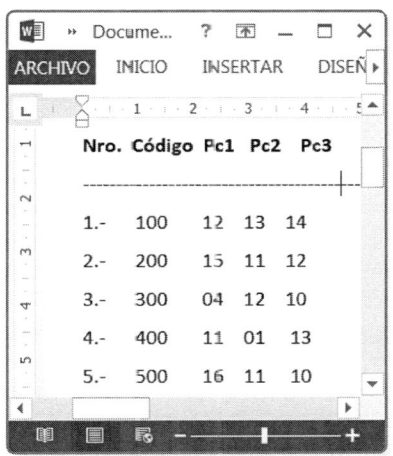

Resultado:

Usando el programa Python, se obtiene el siguiente resultado.

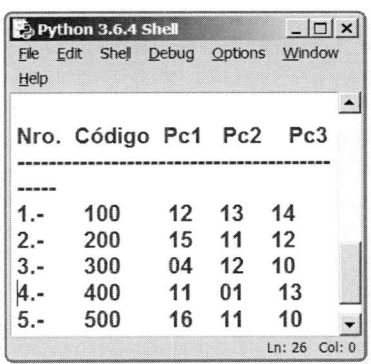

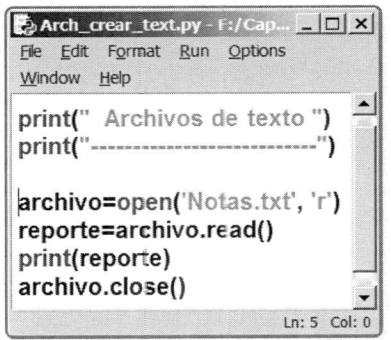

Observación:

En los archivos de texto no existe un registro, ni una posición, debido a que son datos cadena. Entonces, no es fácil hacer mantenimiento de los registros.

Ejemplo:

Diseñar un programa que permita crear la siguiente interfaz.

Luego, la opción 1 permite crear un archivo tipo CSV (Excel) e identificar los datos de los alumnos por nombre y edad.

Asimismo, la opción 4 permite leer cinco notas y generar un reporte del promedio.

Las opciones 3 y 5 permiten procesar lo indicado.

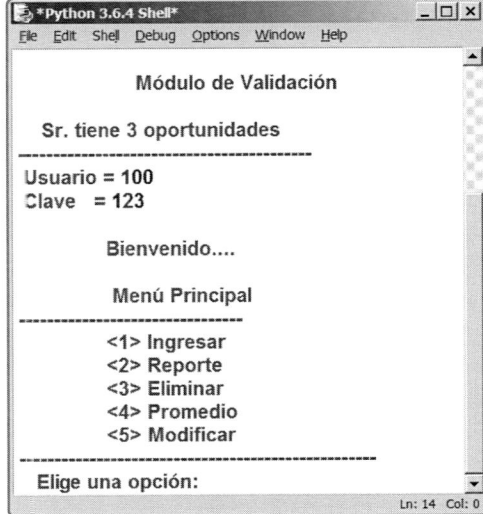

Solución:

```
*ARCHIVO_Menu_1_Tabla.py - F:/Cap_XI_Archivos/ARCHIVO_Menu_1_Tabla.py (3.6.4)*
File  Edit  Format  Run  Options  Window  Help

print(' \t     Módulo de Validación    ')
cont = 0
validado = False
while ((not validado) & (cont < 3)):
  print ('   Sr. tiene', (3-cont),'oportunidades')
  print ("-------------------------------------" )
  usuario = int(input (' Usuario = '))
  clave = int(input   (' Clave   = '))
  if ((usuario ==100) & (clave == 123)):
    print(" \n\tBienvenido....")
    validado = True
  else:
    cont = cont + 1
while True:
    print ("   \n\t Menú Principal")
    print("-------------------------------------")
    print("\t<1> Ingresar \n\t<2> Reporte\n\t<3> Eliminar \n\t<4> Promedio\n\t<5> Modificar" )
    print("-----------------------------------------------")
    op=int(input("   Elige una opción: "))
    if op==1:
      print("Creando nuevo registro")
      archivo=open("data.csv","a")
      nombre=input(" Nombre = ")
      edad=input(" Nota   = ")
      print("-----------------------------")
      print ("Ha creado: " ,nombre ," \ncon la nota:", edad)
      print("")
      archivo.write("          ")
      archivo.write(nombre)
      archivo.write("    ,     ")
      archivo.write(edad)
      archivo.write("\t\n")
      archivo.close
    elif op==2:
      print ("\t Mostrar Reporte :\n")
      print ("  Nombre          Edad ")
      print(" ----------------------------------")
      archivo=open("data.csv")
      print (archivo.read())
      archivo.close
    elif op==3:
      archivo=open("data.csv","w")
      archivo.truncate()
      print ("\nRegistros Eliminados")
      archivo.close()
    elif op==4:
      print ("Escriba la nota de las 5 clases")
      nota1 = float(input('Nota1 '))
      nota2 = float(input('Nota2 '))
      nota3 = float(input('Nota3 '))
      nota4 = float(input('Nota4 '))
      nota5 = float(input('Nota5 '))
      total=(nota1+nota2+nota3+nota4+nota5)
      total=total/5
      print("")
      print ("Promedio = ",total)
    else:
      op=int(input("Elija opción anterior: "))
                                                          Ln: 53  Col: 0
```

Ejemplo:

Crear un archivo de texto que tenga como nombre Alumnos.txt y que almacene el código de los alumnos y sus notas.

Solución:

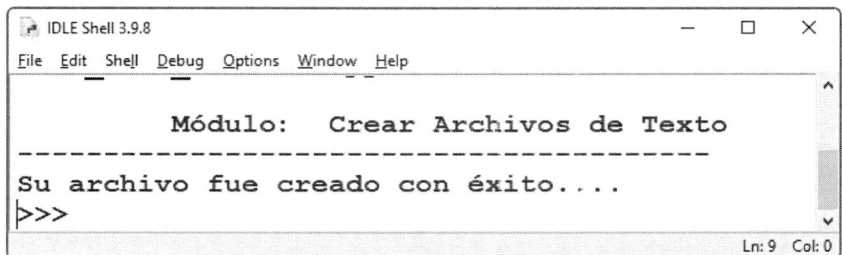

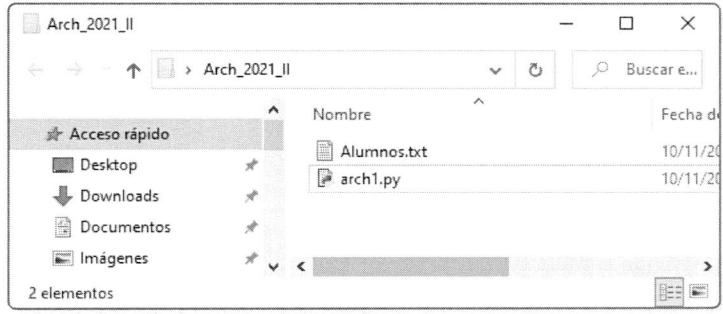

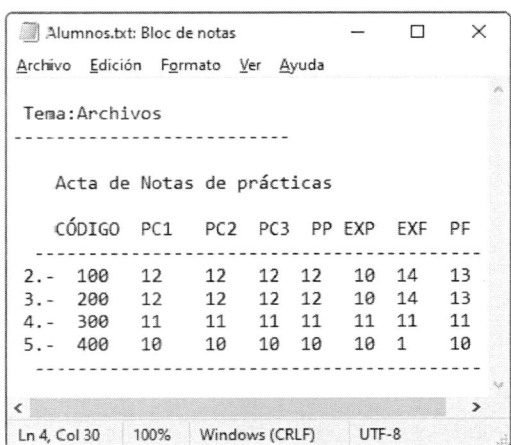

```python
def crear_Arch():
    arch = open ('Alumnos.txt','w')
    arch.write(' \n Tema:Archivos ' )
    arch.write(' \n--------------------------')
    arch.write(' \n                      ')
    arch.write(' \n    Acta de Notas de prácticas')
    arch.write("\n")
    arch.write(' \n   CÓDIGO PC1  PC2 PC3 PP EXP  EXF  PF ')
    arch.write(' \n --------------------------------------')
    arch.write(' \n 2.- 100  12    12  12 12  10 14   13 ')
    arch.write(' \n 3.- 200  12    12  12 12  10 14   13 ')
    arch.write(' \n 4.- 300  11    11  11 11  11 11   11 ')
    arch.write(' \n 5.- 400  10    10  10 10  10 1    10 ')
    arch.write(' \n --------------------------------------')
    arch.close()
print("\n\t Módulo:  Crear Archivos de Texto")
print("-" * 40)
crear_Arch()
```

2.4. **Reportes: método read()**

Primero se lee la información del archivo usando el método read() y, luego, se realiza el reporte respectivo.

Ejemplo:

Diseñar un programa que permita hacer un reporte de los datos del archivo Alumnos.txt.

Solución:

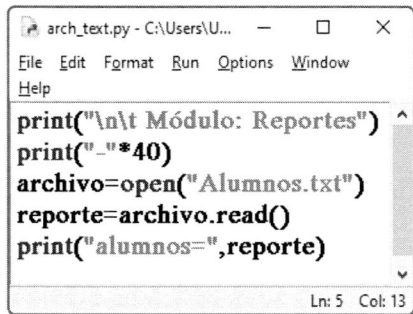

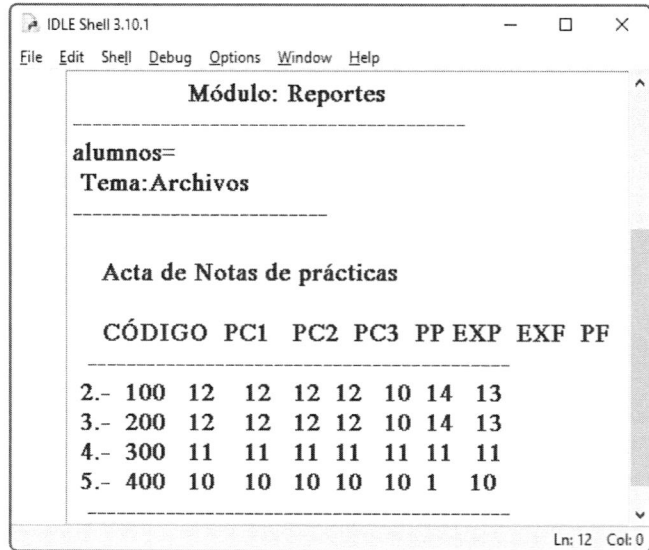

2.5. **Método close()**

Permite cerrar un archivo abierto.

Ejemplo:

Diseñar un programa para hacer un reporte y, luego, cerrar el archivo.

Solución:

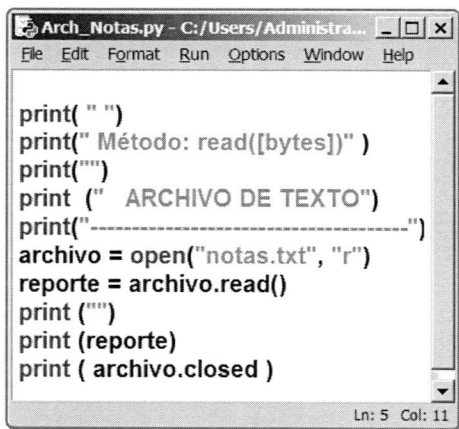

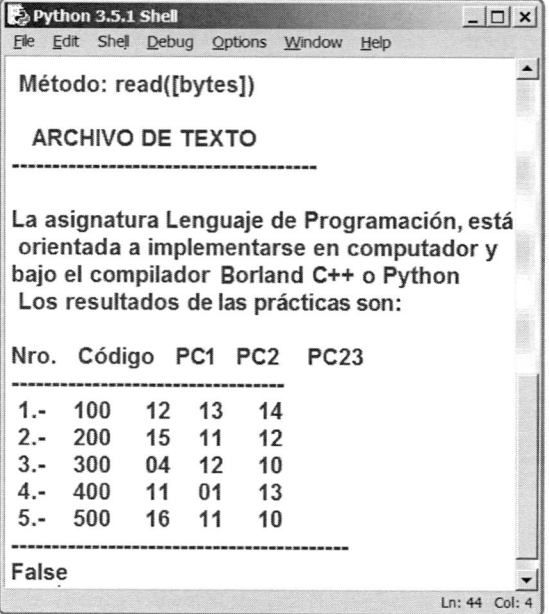

2.6. Método readlines()

Imprime todo el contenido del archivo en una lista.

Ejemplo:

Considerando que se dispone de un archivo Alumnos.txt, diseñar un programa que permita mostrar las notas de cada práctica.

Solución:

Existen dos reportes: en el primero y en el segundo se usa readlines(); luego, se itera.

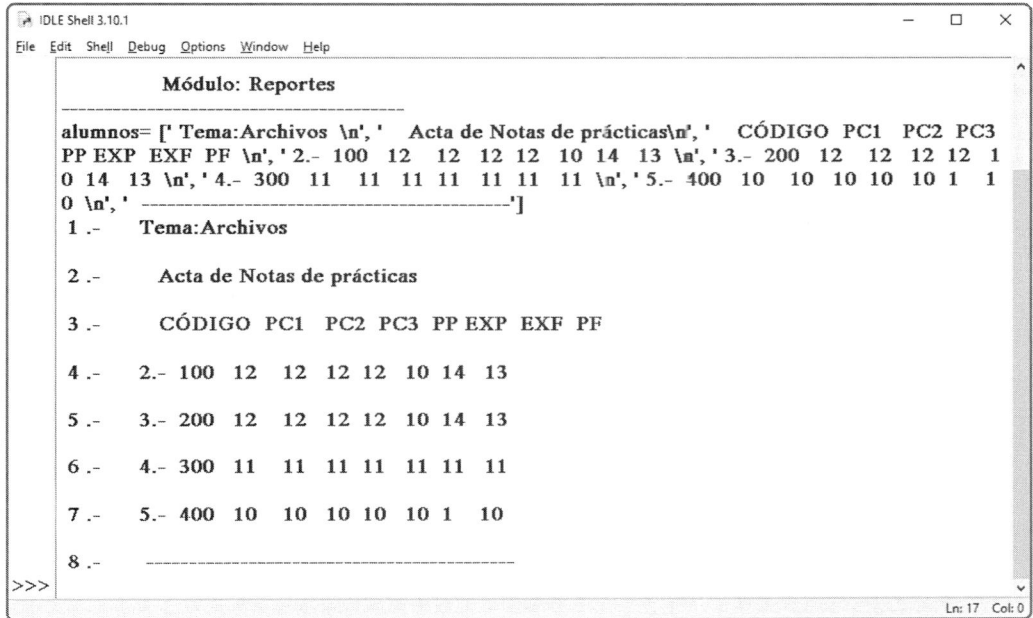

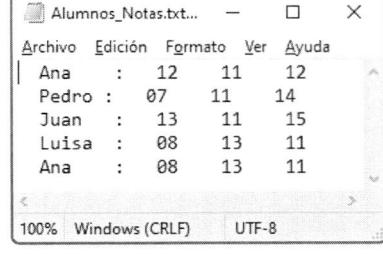

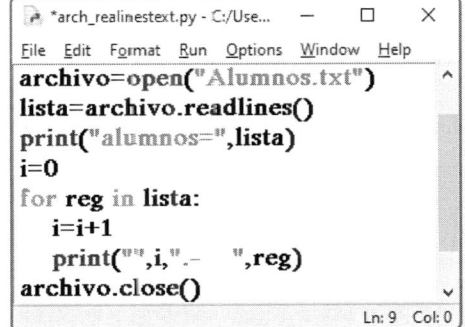

Ejemplo:

Considerando que se dispone de un archivo Alumnos_Notas.txt que contiene notas, diseñar un programa que permita al usuario leer el nombre de un alumno y, luego, realizar lo siguiente:

a. Mostrar en una lista los nombres de los alumnos repetidos. Usar el método append().

b. Mostrar el número de veces que se repite el nombre del alumno.

Solución:

```
Arch_Python\arch4_Carga.py


            Módulo de búsqueda
-----------------------------------------

            Ingrese nombre = Ana

            Resultados de la búsqueda
-----------------------------------------
Nombres=  ['Ana', 'Ana']
 Total =  2
>>>
```

```python
print("")
print(" \n\t Módulo de búsqueda")
print("-"*40)
nomb=input( "\t Ingrese nombre = ")
persona = nomb
lista = []
np=0
with open('Alumnos_Notas.txt') as totregistros:
    for nombres in totregistros:
        if persona in nombres:
            np=np+1
            lista.append(persona)
print("\n\t Resultados de la búsqueda")
print("-"*40)
print( "Nombres= ",lista)
print(" Total = ",np)
```

2.7. Método readline()

Este comando lee una línea a la vez.

```
        Módulo: uso de line ()
---------------------------
    líneas=

    líneas=  lima es una ciudad

    líneas=  peligrosa por la

    líneas=  madrugada

    líneas=  si existen más policías

    líneas=  se controlará

    líneas=  la delincuencia
>>>
```

```python
def LeerLine():
  with open("Arch_text1111.txt") as arch:
    try:
        while True:
            linea = arch.readline()
            if linea:
              print("\tlineas= ",linea)
            else:
              break
    finally:
        arch.close()
print("\n\tMódulo: uso de line()")
print("-"*30)
LeerLine()
```

Ejemplo:

Diseñar un programa para listar todos los registros de un archivo.

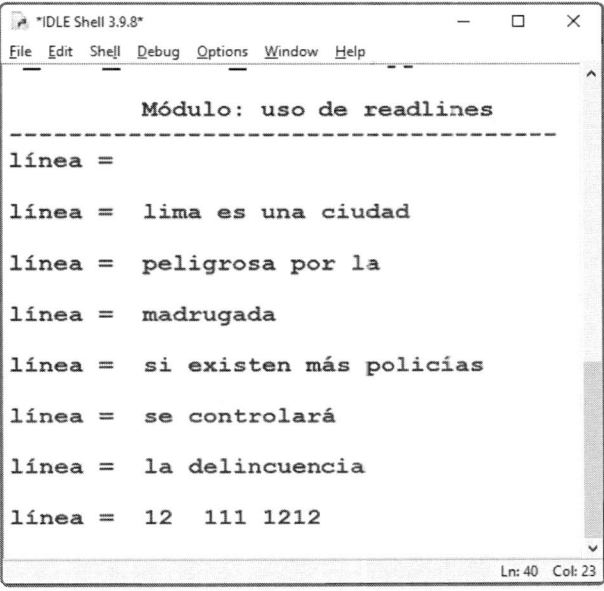

Solución:

```python
def lines():
    with open("Arch_text1111.txt") as arch:
        try:
            while True:
                lines = arch.readlines()
                for reg in lines:
                    print("linea = ",reg)
        finally:
            arch.close()
print("\n\t Módulo: uso de readlines ")
print("-"*40)
lines()
```

Ejemplo:

Se dispone de un archivo, ciudades.txt, que contiene ciudades con datos de ubicación, idioma y el total de su población. Mediante una función buscaCiudad(str, file) y en una lista, devolver la ciudad buscada con sus datos respectivos.

Solución:

Archivo que contiene las ciudades respectivas.

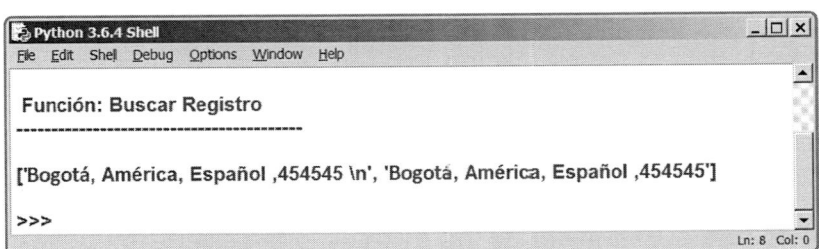

```
Arch_busca_func.py - F:\Cap_XI_Archivos\python...
File  Edit  Format  Run  Options  Window  Help

lista = [];
def buscaCiudad(str, file):
    for ciudad in file:
        for part in ciudad.split():
            if str in part:
                lista.append(ciudad);
    return lista

file = open('ciudades.txt','r')
print("")
print(" Función: Buscar Registro ")
print("----------------------------------")
print("")
print (buscaCiudad("Bogotá", file))
print("")
                                        Ln: 13  Col: 0
```

Ejemplo:

Se dispone de un archivo Alumnos.txt. Diseñar un programa que permita mostrar todos los alumnos y sus datos.

Solución:

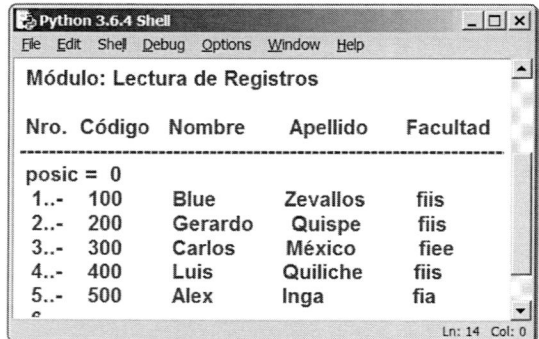

```
Python 3.6.4 Shell
File  Edit  Shell  Debug  Options  Window  Help

Módulo: Lectura de Registros

Nro. Código  Nombre    Apellido    Facultad
-------------------------------------------
posic = 0
1..-  100    Blue      Zevallos    fiis
2..-  200    Gerardo   Quispe      fiis
3..-  300    Carlos    México      fiee
4..-  400    Luis      Quiliche    fiis
5..-  500    Alex      Inga        fia
                                    Ln: 14  Col: 0
```

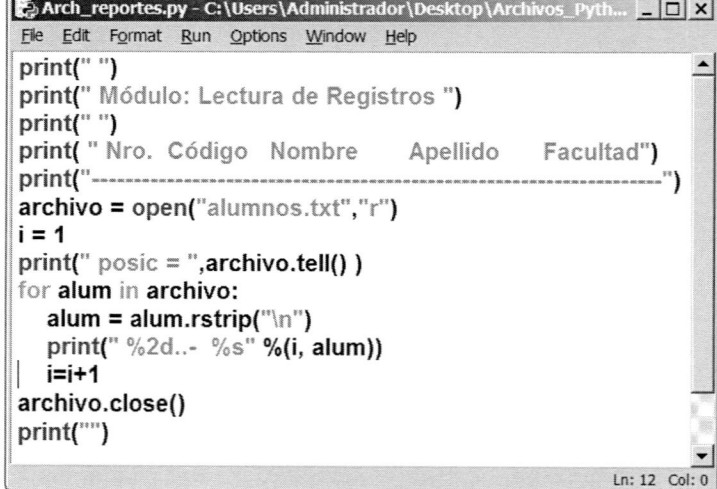

```
Arch_reportes.py - C:\Users\Administrador\Desktop\Archivos_Pyth...
File  Edit  Format  Run  Options  Window  Help

print(" ")
print(" Módulo: Lectura de Registros ")
print(" ")
print( " Nro. Código  Nombre    Apellido    Facultad")
print("-------------------------------------------------")
archivo = open("alumnos.txt","r")
i = 1
print(" posic = ",archivo.tell() )
for alum in archivo:
    alum = alum.rstrip("\n")
    print(" %2d..- %s" %(i, alum))
    i=i+1
archivo.close()
print("")
                                        Ln: 12  Col: 0
```

Ejemplo:

Diseñar un programa que permita mostrar las opciones en la imagen. Luego, ejecutar cada opción.

El archivo que se debe procesar es Alumnos_Notas.txt.

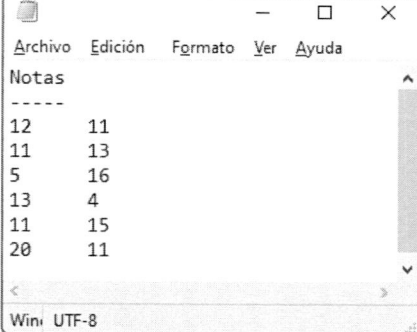

```
Archivo  Edición  Formato  Ver  Ayuda
Notas
-----
12    11
11    13
5     16
13    4
11    15
20    11

Win  UTF-8
```

Solución:

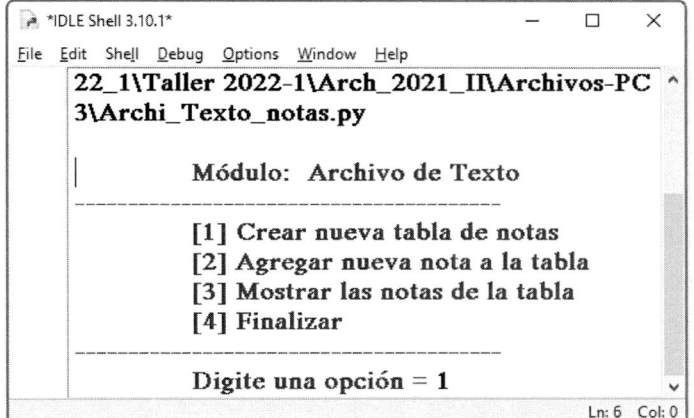

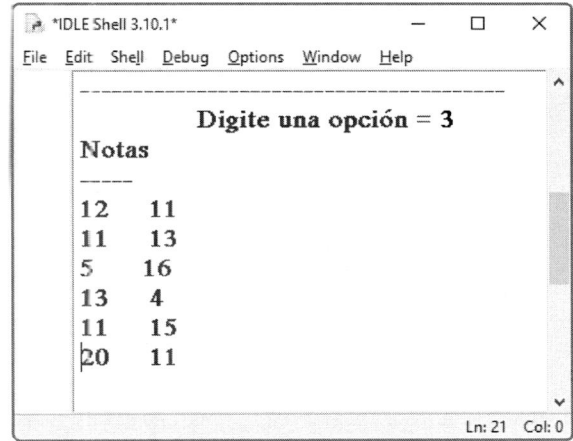

```
j=0
while True:
    print('\n\tMódulo : Archivo de Texto')
    print('-'*40)
    print(" \t[1] Crear nueva tabla de notas")
    print("\t[2] Agregar nueva nota a la tabla ")
    print("\t[3] Mostrar las notas de la tabla  ")
    print("\t[4] Finalizar")
    print('-'*40)
    while True:
        opc=input("\tDigite una opción = ")
        if opc.isdigit():
            break
        else:
            print("\tError ")
    if opc=="1":
        arch=open('Notas.txt','a')
        arch.write('')
        arch.write('\n\t\t\t\t\tReporte de notas')
        arch.write('-'*80)
        arch.write('\n\tCódigo \tPC 1 \tPC 2 \tPC 3 \tPC 4 \tPP \tEP \tEF \tPF\tEstado \n')
        arch.close()
        print("\nArchivo creado con éxito")
    elif opc=="2":
        archh=open('Notas.txt','r')
        codigos=[]
        datos=[]
        for lineas in archh:
            partes=str(lineas).split()
            datos.append(partes)
        for i in range(3,len(datos)):
            codigos.append(datos[i][0])
        arch=open('Notas.txt','a')
        while True:
            while True:
                codigo=input("\n\tDigite su código:")
                if codigo.isdigit():
```

```python
                break
            else:
                print("ERROR...INTENTE DE NUEVO")
        if codigo in codigos:
            print("\tEl código ya existe.. intente de nuevo")
        else:
            break
    while True:
        while True:
            pc1=input("\t PC1 = ")
            if pc1.isdigit():
                break
            else:
                print("ERROR... Digite nota")
        pc1=int(pc1)
        if pc1<0 or pc1>20:
            print("ERROR... digite de nuevo")
        else:
            break
    while True:
        while True:
            pc2=input("\t PC2 = : ")
            if pc2.isdigit():
                break
            else:
                print("ERROR... digite nota")
        pc2=int(pc2)
        if pc2<0 or pc2>20:
            print("ERROR... digite de nuevo")
        else:
            break
    while True:
        while True:
            pc3=input("\t PC3 =  ")
            if pc3.isdigit():
                break
            else:
                print("ERROR... nota")
        pc3=int(pc3)
        if pc3<0 or pc3>20:
            print("ERROR... digite de nuevo")
        else:
            break
    while True:
        while True:
            pc4=input("\t PC4 =  ")
            if pc4.isdigit():
                break
            else:
                print("ERROR... Digite nota")
        pc4=int(pc4)
        if pc4<0 or pc4>20:
            print("ERROR... digite de nuevo")
        else:
            break
    while True:
        while True:
```

```
        ep=input("\t EP = ")
        if ep.isdigit():
           break
        else:
           print("ERROR... Digite nota")
     ep=int(ep)
     if ep<0 or ep>20:
        print("ERROR... digite de nuevo")
     else:
        break
  while True:
     while True:
        ef=input("\t EF = ")
        if ef.isdigit():
           break
        else:
           print("ERROR... Digite un número")
     ef=int(ef)
     if ef<0 or ef>20:
        print("ERROR... digite de nuevo")
     else:
        break
  pp=(pc1+pc2+pc3+pc4-min(pc1,pc2,pc3,pc4))/3
  pf=(pp+ep+ef)/3
  if pf>=10:
     arch.write(f'\t{codigo}\t{pc1}\t{pc2}\t{pc3}\t{pc4} \t{"%.3f"%pp}\t{ep} \t{ef} \t{"%.3f"%pf}\tAprobado \n')
  else:
     arch.write(f'\t{codigo}\t{pc1}\t{pc2}\t{pc3}\t{pc4}\t{"%.3f"%pp}\t{ep}\t{ef}\t{"%.3f"%pf}\tDesaprobado \n')
  arch.close()
  print("\nnota agregada ...")
  while True:
     j=j+1
     if j==1:
        print(f"-ya Se han registrado {j} Alumnos ")
        break
     else:
        print(f"ya se han registrado {j} alumnos")
        break

elif opc=="3":
  arch=open('Notas.txt','r')
  reporte=arch.read()
  print(reporte)
  arch.close()
elif opc=="4":
```

Ln: 136 Col: 0

Ejemplo:

Diseñar un programa que permita al usuario leer el nombre de un archivo (en este caso, Archivo_Diccionario.txt; guiarse de la imagen) que contiene información de alumnos y cursos almacenados en sus diccionarios respectivos. Asimismo, se deben listar sus datos en el formato diccionario.

```
Python 3.6.4 Shell
File  Edit  Shell  Debug  Options  Window  Help

 Cargando Archivo : Formato Diccionario
 -----------------------------------------------------------

 Ingrese  nombre de Archivo =  Archivo_Diccionario.txt

 Datos = {'100': 'Ana Fuentes B.', '200': 'Luis Espejo M.', '300': 'César Pérez M.', '400': 'Carlos Lust'}

 Datos = {'ST 221': ' Algoritmos y Est. Datos.', 'ST-202': 'LPE.', 'ST - 222': 'LP.', 'Ma 195': ' Métodos'}

 >>>
                                                                                    Ln: 16  Col: 4
```

Solución:

```
Arch_JalaDiccionario.py - C:\Users\Administrador\Desktop\Arc...
File  Edit  Format  Run  Options  Window  Help

print("")
print("  Cargando Archivo : Formato Diccionario ")
print("  -----------------------------------------------------------")
print("")
Arch=str(input(' Ingrese  nombre de Archivo =  '))
try:
    Registros = open(Arch)
except:
    print ("  ")
    print (" El Archivo: <",Arch," > no existe ...")
    exit()
for Alum  in Registros:
    print("\nDatos = ",Alum )
                                                                 Ln: 10  Col: 0
```

Ejemplo:

Diseñar un programa que permita al usuario leer el nombre de un archivo (en este caso, Archivo22Dicc.txt; guiarse de la imagen) que contenga la información de los alumnos. Asimismo, debe permitir hacer los siguientes reportes:

a. Información de alumnos en un diccionario.

b. Listar dato por dato de cada alumno.

c. Listar en una lista todo el diccionario y sus datos.

```
Python 3.6.4 Shell
File  Edit  Shell  Debug  Options  Window  Help

 Cargando Archivo :

 Ingrese  nombre de Archivo = archivo22Dicc.txt
 Diccionario = {'100': 'Ana Pérez S', '100': 'Luis Sáenz C.', '300': 'María zela B',
 '400': 'César Cubillas P.','500': 'Carlos Celiz  L.'}
 Dato [ 1 ] = {'100':
 Dato [ 2 ] = 'Ana
 Dato [ 3 ] = Pérez
 Dato [ 4 ] = S',
 Dato [ 5 ] = '100':
 Dato [ 6 ] = 'Luis
 Dato [ 7 ] = Sáenz
 Dato [ 8 ] = C.',
 Dato [ 9 ] = '300':
 Dato [ 10 ] = 'María
 Dato [ 11 ] = zela
 Dato [ 12 ] = B',
 Dato [ 13 ] = '400':
 Dato [ 14 ] = 'César
 Dato [ 15 ] = Cubillas
 Dato [ 16 ] = P.','500':
 Dato [ 17 ] = 'Carlos
 Dato [ 18 ] = Celiz
 Dato [ 19 ] = L.'}
                                                                            Ln: 24  Col: 0
```

Solución:

```
Python 3.6.4 Shell                                              _ □ ×
File  Edit  Shell  Debug  Options  Window  Help

Reporte de datos en una Lista
---------------------------------------------------
Lista1 = ["{'100':", "'Ana", 'Pérez', "S',", "'100':", "'Luis', 'Sáenz', "C.',"
, "'300':", "'María', 'zela', "B',", "'400':", "'César', 'Cubillas', "P.','500':",
"'Carlos", 'Celiz', "L.'}"]

>>>
                                                            Ln: 24  Col: 0
```

```
*Arch_Lee_Arc_Jala_Dicc1.py – F:/Cap_XI_Archivos/Arch_Lee_Arc_Jala ...  _ □ ×
File  Edit  Format  Run  Options  Window  Help

print(" Cargando Archivo :")
Arch=str(input(' Ingrese nombre de Archivo = '))
try:
    Registros = open(Arch)
except:
    print (" El fichero no se pudo abrir:", Arch)
    exit()
contadores=dict()
for linea in Registros:
    print(" Diccionario = ",linea)
palabras = linea.split()
i=0
lst = list()
for valor in palabras:
    i=i+1
    print(" Dato [",i,"] = ",valor)
print("")
print(" Reporte de datos en una Lista  ")
print(" ---------------------------------------------------")
lst.append(palabras)
for valor in lst[0:] :
    print(" Lista1 = ", valor)
                                                            Ln: 14  Col: 0
```

Ejemplo:

Diseñar un programa que permita mostrar los datos del archivo arch vo2222.txt.

Solución:

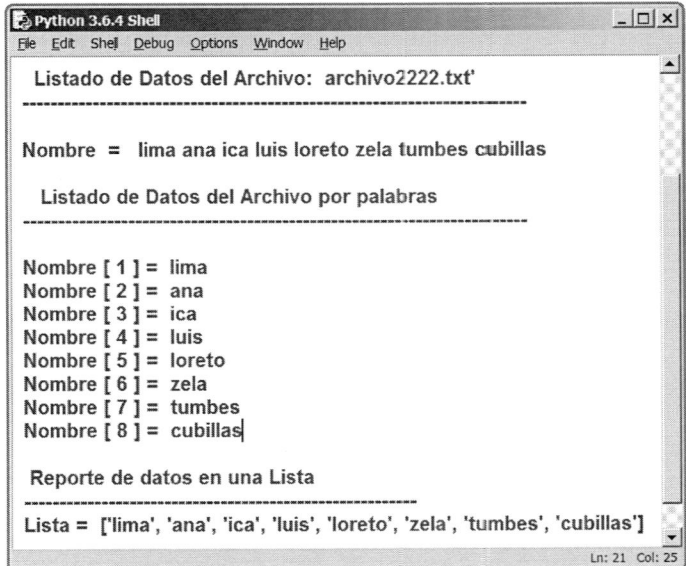

```
Python 3.6.4 Shell                                              _ □ ×
File  Edit  Shell  Debug  Options  Window  Help

Listado de Datos del Archivo:  archivo2222.txt'
--------------------------------------------------------------

Nombre  =  lima ana ica luis loreto zela tumbes cubillas

  Listado de Datos del Archivo por palabras
--------------------------------------------------------------

Nombre [ 1 ] = lima
Nombre [ 2 ] = ana
Nombre [ 3 ] = ica
Nombre [ 4 ] = luis
Nombre [ 5 ] = loreto
Nombre [ 6 ] = zela
Nombre [ 7 ] = tumbes
Nombre [ 8 ] = cubillas

  Reporte de datos en una Lista
--------------------------------------------------------
Lista = ['lima', 'ana', 'ica', 'luis', 'loreto', 'zela', 'tumbes', 'cubillas']
                                                            Ln: 21  Col: 25
```

```
archivo2_Jala_Lista.py - F:/Cap_XI_Archivos/archivo2_Jala_Lista.py (3.6.4)
File  Edit  Format  Run  Options  Window  Help

print("")
print("   Listado de Datos del Archivo:  archivo2222.txt")
print(" ------------------------------------------------------------")
Alumnos = open('archivo2222.txt')
for linea in Alumnos:
    linea = linea.lower()
print(" Nombre  =  ",linea)
print("    Listado de Datos del Archivo por palabras ")
print(" ------------------------------------------------------------")
palabras = linea.split()
i=0
lst = list()
for  valor in palabras:
    i=i+1
    print(" Nombre [",i,"] = ",valor)
print("  Reporte de datos en una Lista  ")
print(" ------------------------------------------------------")
lst.append(palabras)
for valor in lst[0:] :
    print(" Lista = ",valor)
print("")

                                                              Ln: 15  Col: 0
```

Ejemplo:

Diseñar un programa que permita crear un archivo (en este caso, archivoCrea.txt), que guarde la siguiente información: {100: **'Juana H.'**, 200: **'César A.'**, 300: **'zela K'**, 400: **'César P.'**}. Asimismo, al finalizar, se debe generar un reporte.

Solución:

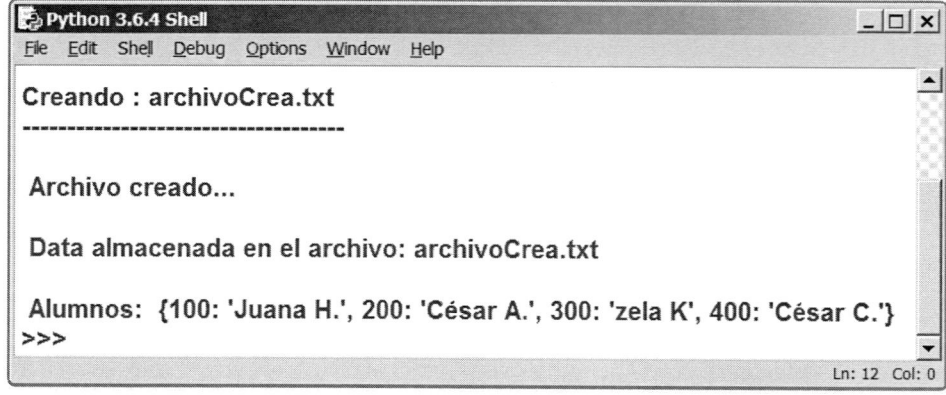

```
arch_crear1111.py - F:/Cap_XI_Archivos/arch_crear1111.py (3.6.4)          _ □ ×
File  Edit  Format  Run  Options  Window  Help

print("")
print("Creando : archivoCrea.txt" )
print("---------------------------------------")
print("")
Alumnos=dict()
arch=open("ArchivoCrea.txt","w")
print ( " Archivo creado...")

arch.write("     Lista de Alumnos \n ")
arch.write(" ------------------------------------\n")

Alumnos={100:"Juana H.",200:"César A.",300:"zela K",400:"César C."}
Alumnos=str(Alumnos)
print("")
print(" Data almacenada en el archivo: archivoCrea.txt")
print("")
print(" Alumnos: ",Alumnos)
arch.write(Alumnos)
arch.close()
                                                                  Ln: 10  Col: 55
```

Ejemplo:

Diseñar un programa que permita crear un archivo Lista_Arch.txt de alumnos por su código y sus datos personales (primer apellido y nombre). El programa debe mostrar el número de registro que se va creando. Además, debe ser interactivo con el usuario.

Solución:

```
Python 3.6.4 Shell                                          _ □ X
File  Edit  Shell  Debug  Options  Window  Help

   Creando Lista_Arch.txt
   ---------------------------------
   <C>  Crear
   <S >.Salir
   ---------------------------------
   Edite opción==>  c
   Registro Nro. = 1
         Clave  =  100
         Valores =  Salinas Espejo
     Formo diccionario =  {'100': 'Salinas Espejo'}

   Sr.desea continuar..? (S/N)  ==>S
   Registro Nro. = 2
         Clave  =  200
         Valores =  Cordova
     Formo diccionario =  {'100': 'Salinas Espejo', '200': 'Córdova'}

   Sr.desea continuar..? (S/N)  ==>S
   Registro Nro. = 3
         Clave  =  300
         Valores =  Morales Cuellar
     Formo diccionario =  {'100': 'Salinas Espejo', '200': 'Córdova', '300': 'Morales Cuellar'}

   Sr.desea continuar..? (S/N)  ==>N
   Ud ingresó :  3  registros
                                                            Ln: 33  Col: 4
```

```
*Arch_CreandoDicc.py - G:/Arch_Diccionario_Python/...

File  Edit  Format  Run  Options  Window  Help

print("    Creando Lista_Arch.txt")
print("------------------------------------")
print (" <C>  Crear ")
print (" <S >.Salir")
print("------------------------------------")
decision = input(" Edite opción==>  ")
def guardar_datos(dic):
    with open("Lista_Arch.txt", "wb") as f:
        pickle.dump(dic, f)
if decision == "C":
    agregar()
else:
    if decision=="S":
        exit()
resp='S'
nr=0
while(resp=='S' or resp =='s'):
        nr=nr+1
        print(" Registro Nro. =",nr)
        agregar()
        print("")
        resp=input(" Sr.desea continuar..? (S/N)  ==>")
if resp=='N' or resp=='n':
    print(" Ud ingresó : ", nr," registros ")
    print("")
    print(" Archivo Creado.... ")
    guardar_datos(dic)

                                                    Ln: 29  Col: 0
```

Ejemplo:

Diseñar un programa que permita, desde la consola, leer el nombre de un archivo y, luego, mostrar la información de los alumnos almacenada en el archivo Lista_Alumnos.txt (guiarse de la imagen). Asimismo, si existen nombres de alumnos repetidos, debe indicar la cantidad de alumnos como **"valor bng"**.

Solución:

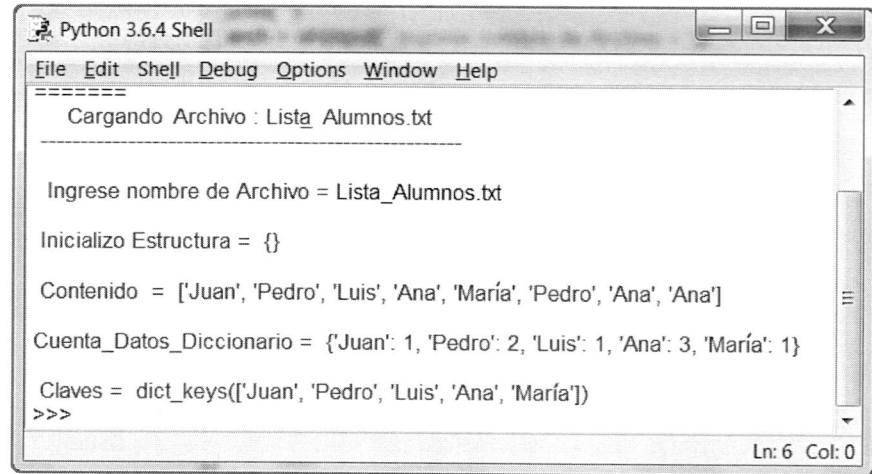

```
Python 3.6.4 Shell

File  Edit  Shell  Debug  Options  Window  Help
=======
    Cargando  Archivo : Lista  Alumnos.txt
--------------------------------------------------

 Ingrese nombre de Archivo = Lista_Alumnos.txt

Inicializo Estructura =  {}

Contenido  = ['Juan', 'Pedro', 'Luis', 'Ana', 'María', 'Pedro', 'Ana', 'Ana']

Cuenta_Datos_Diccionario =  {'Juan': 1, 'Pedro': 2, 'Luis': 1, 'Ana': 3, 'María': 1}

 Claves =  dict_keys(['Juan', 'Pedro', 'Luis', 'Ana', 'María'])
>>>
                                                    Ln: 6  Col: 0
```

Ejemplo:

Diseñar un programa que permita mostrar los registros de los alumnos, cuyos datos se encuentran en el archivo de texto Alumnos.txt.

Solución:

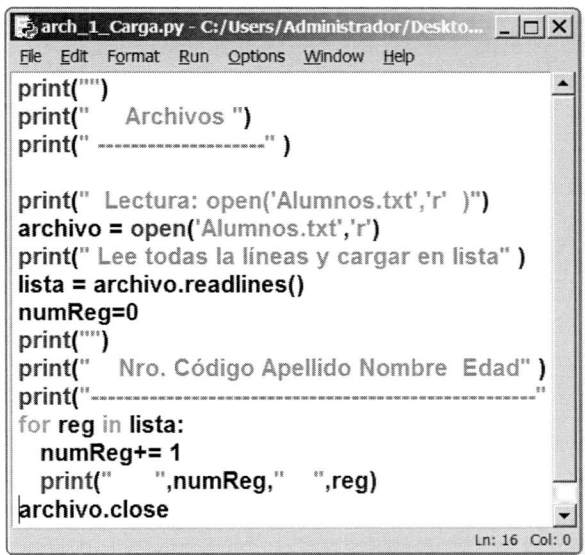

```
print("")
print("    Archivos ")
print(" ----------------" )

print(" Lectura: open('Alumnos.txt','r'  )")
archivo = open('Alumnos.txt','r')
print(" Lee todas la líneas y cargar en lista" )
lista = archivo.readlines()
numReg=0
print("")
print("   Nro. Código Apellido Nombre  Edad" )
print("-----------------------------------"
for reg in lista:
  numReg+= 1
  print("      ",numReg,"    ",reg)
archivo.close
```

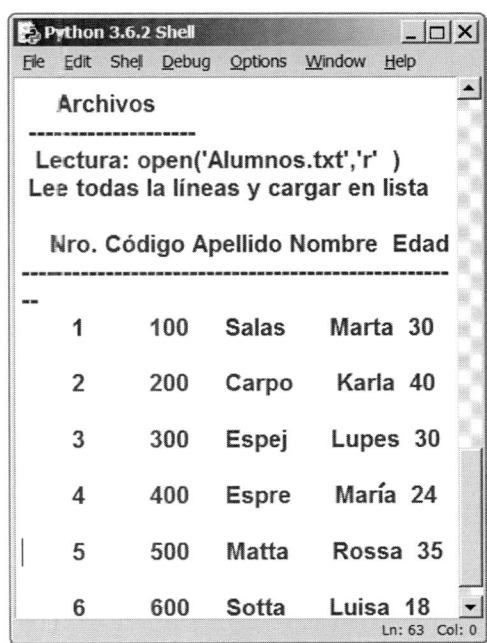

```
    Archivos
--------------------
 Lectura: open('Alumnos.txt','r'  )
Lee todas la líneas y cargar en lista

  Nro. Código Apellido Nombre  Edad
-------------------------------------------
--
   1       100      Salas     Marta  30

   2       200      Carpo     Karla  40

   3       300      Espej     Lupes  30

   4       400      Espre     María  24

   5       500      Matta     Rossa  35

   6       600      Sotta     Luisa  18
```

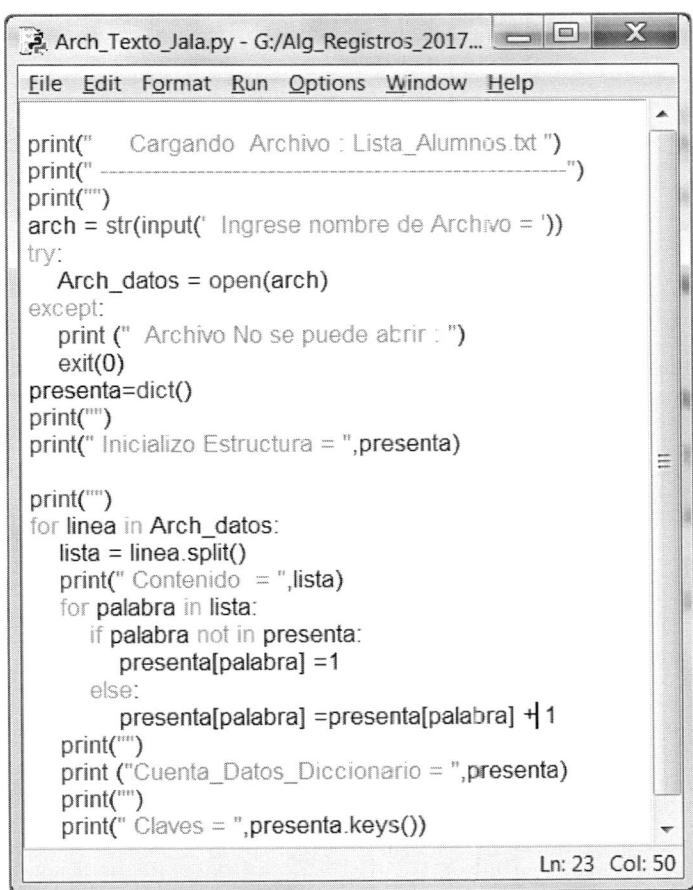

```
print("    Cargando  Archivo : Lista_Alumnos.txt ")
print(" -------------------------------------------------")
print("")
arch = str(input(' Ingrese nombre de Archivo = '))
try:
    Arch_datos = open(arch)
except:
    print (" Archivo No se puede abrir : ")
    exit(0)
presenta=dict()
print("")
print(" Inicializo Estructura = ",presenta)

print("")
for linea in Arch_datos:
    lista = linea.split()
    print(" Contenido  = ",lista)
    for palabra in lista:
        if palabra not in presenta:
            presenta[palabra] =1
        else:
            presenta[palabra] =presenta[palabra] +1
    print("")
    print ("Cuenta_Datos_Diccionario = ",presenta)
    print("")
    print(" Claves = ",presenta.keys())
```

2.8. **Función with: as**

Permite usar los archivos de forma óptima cerrándolos y liberando la memoria al concluir el proceso de lectura.

Ejemplo:

Diseñar un programa que permita mostrar los registros del archivo Alumnos.txt.

Solución:

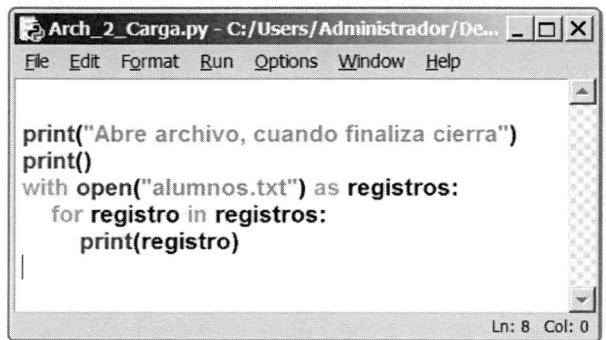

```
print("Abre archivo, cuando finaliza cierra")
print()
with open("alumnos.txt") as registros:
    for registro in registros:
        print(registro)
```

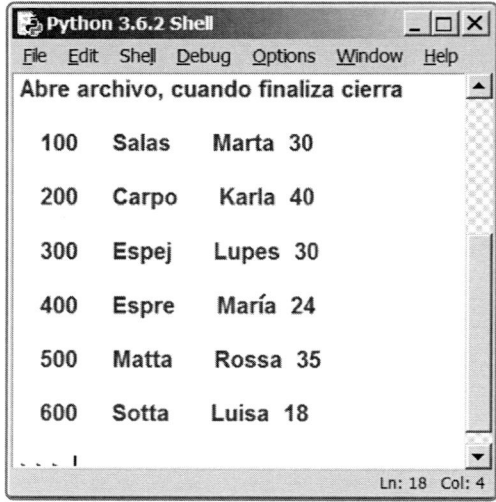

Ejemplo:

Diseñar un programa que permita diseñar un módulo de revalidación. Si los datos son introducidos correctamente, el sistema deberá enviar un menú de opciones donde cada opción debe realizar su tarea correspondiente. Ver imágenes.

Solución:

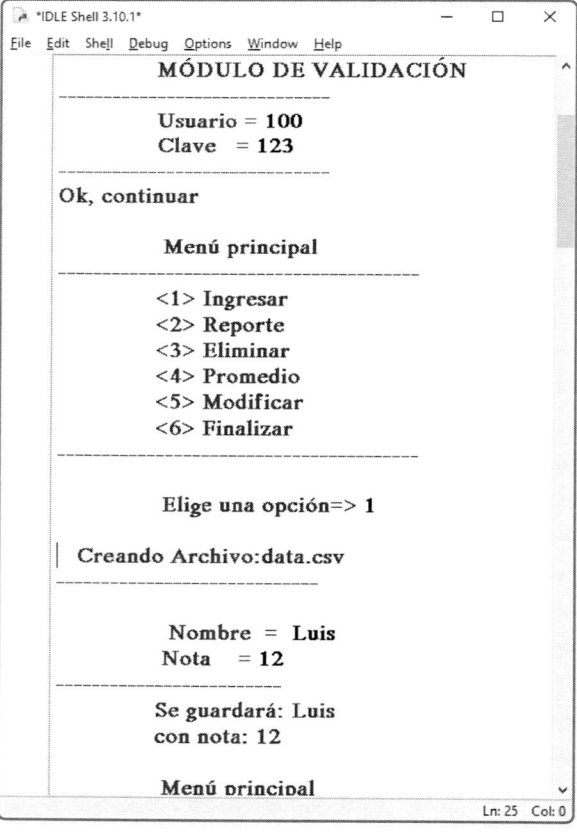

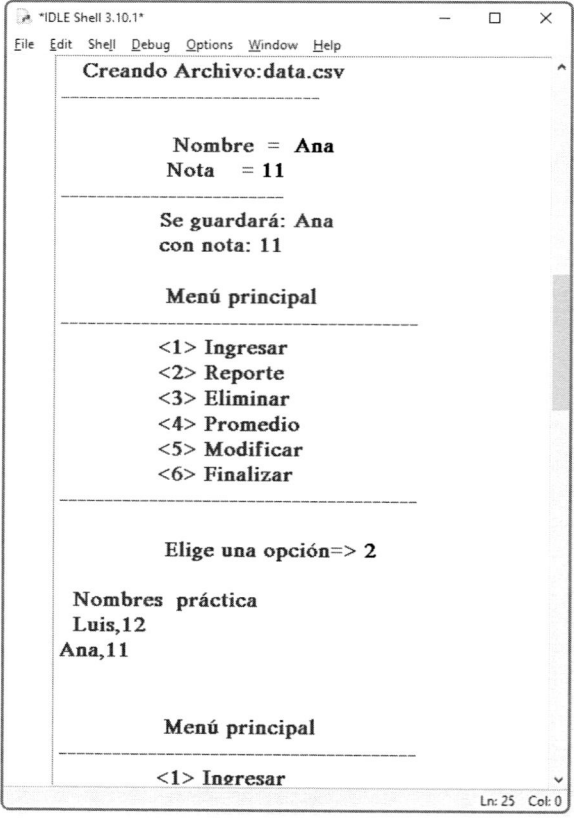

```
arch_tetx_2022.py - H:/LP_2022_OCT/arch_tetx_2022.py (3.10.1)          —  □  ×
File  Edit  Format  Run  Options  Window  Help

print("\n\tMÓDULO DE VALIDACIÓN")
contad = 1
while True :
  print("-" *30)
  user = int(input("\tUsuario = "))
  clav = int(input("\tClave   = "))
  print("-" *30)
  if ((user==100) and (clav==123)):
     print("Ok, continuar")
     break
  else:
    if contad<4:
      print("\n\t\t\tUd tiene",  3-contad," oportunidades:")
      contad = contad + 1
      print(" Ingrese nuevamente ")
    else:
      print("hasta luego...")
      exit()
while True:
   print ("\n\t Menú principal")
   print("-"*40)
   print (" \t<1> Ingresar ")
   print (" \t<2> Reporte")
   print (" \t<3> Eliminar ")
   print (" \t<4> Promedio ")
   print (" \t<5> Modificar" )
   print (" \t<6> Finalizar ")
   print("-"*40)
   opc=int(input("\n\t Elige una opción=> "))
   if opc==1:
      print()
      print("   Creando Archivo:data.csv ")
      print("-------------------------------")
      archivo=open("data.csv","a+")
      nombre=input("\n\t Nombre  = ")
      nota=input("\t Nota    = ")
      print("-------------------------------")
      print("\tSe guardará:",nombre,"\n\tcon nota:",nota)
      archivo.write(nombre)
      archivo.write(",")
      archivo.write(nota)
      archivo.write("\n")
      archivo.close()
   elif opc==2:
      print()
      print (" Nombres  práctica ")
      archivo=open("data.csv","r")
      print (" ",archivo.read())
      archivo.close()
   elif opc==3:
      archivo=open("data.csv","w")
      archivo.truncate()
      print ("\nRegistros Eliminados")
      archivo.close()
```

```
elif opc==4:
    print ("Ingrese prácticas")
    pc1 = float(input("pc1 = "))
    pc2 = float(input("pc2 = "))
    pc3 = float(input("pc3 = "))
elif opc==4:
    print ("Ingrese prácticas")
    pc1 = float(input("pc1 = "))
    pc2 = float(input("pc2 = "))
    pc3 = float(input("pc3 = "))
    pc4 = float(input("pc4 = "))
    pc5 = float(input("pc5 = "))
    if pc1>0 and pc2>0 and pc3>0 and pc4>0 and pc5>0:
        total=pc1+pc2+pc3+pc4+pc5
        total=total/5
        print ("\n\tPromedio de  es = ",total)
    else:
        print("Error en notas")
elif  opc==5:
    print(" Modificaré pc1: ")
    pc1=int(input(" Ingrese pc1="))
    print(" \n\tSu nueva nota de pc1 = ",pc1)
elif opc==6:
    print(" Saliendo del sistema.....")
    exit()
```
Ln: 70 Col: 0

Ejemplo:

Diseñar un programa que permita leer n alumnos por código y sus cuatro notas. Luego, mostrar a los alumnos y sus códigos, notas y promedios respectivos.

Solución:

```
IDLE Shell 3.9.8                                    —  □  ×
File  Edit  Shell  Debug  Options  Window  Help
Bienvenido
opción:
1)Registrar alumnos
2)Registrar notas
3)Mostrar notas
4)Salir
Opción=:1
----------------------------------------

        Ingrese cantidad de alumnos = 3

         Ingreso de códigos:
----------------------------------------
Códigos:100
Códigos:200
Códigos:300
----------------------------------------
opción:
1)Registrar alumnos
2)Registrar notas
3)Mostrar notas
4)Salir
Opción=:2
----------------------------------------
Alumno código:100
Nota PC1:11
Nota PC2:11
                                        Ln: 26  Col: 0
```

```
*IDLE Shell 3.9.8*                                    —  □  ×
File  Edit  Shell  Debug  Options  Window  Help
Nota PC3:11
Nota PC4:11
----------------------------------------
Alumno código:200
Nota PC1:12
Nota PC2:12
Nota PC3:12
Nota PC4:12
----------------------------------------
Alumno código:300
Nota PC1:13
Nota PC2:13
Nota PC3:13
Nota PC4:13
----------------------------------------
opción:
1)Registrar alumnos
2)Registrar notas
3)Mostrar notas
4)Salir
Opción=:3
----------------------------------------
100    11    11    11    11    11.0
200    12    12    12    12    12.0
300    13    13    13    13    13.0

----------------------------------------
                                          Ln: 49  Col: 0
```

```python
*arch_texto_manten2021.py - C:\Users\User\Desktop\Arch_2021_II\arch_texto_manten2021.py (3.9.8)*    —  □  ×
File  Edit  Format  Run  Options  Window  Help
import os
print("Bienvenido")
archivo = open("promedios.txt","w")
archivo.write("Notas del curso.\n")
archivo.write("Código  PC1  PC2  PC3  PC4  Promedio\n")
archivo.write("-"*40)
archivo.write("\n")
archivo.close()

def registrar_alumnos():
    global notas, n, códigos
    print("-"*40)
    n= int(input("  \n\tIngrese cantidad de alumnos = "))
    codigos=[0]*n
    print("\n\t Ingreso de códigos: ")
    print("-"*40)

    notas = [[""for y in range(5)]for x in range(n)]
    for i in range(n):
        códigos[i] = int(input("Códigos:"))
    print("-"*40)

def registrar_notas():
    global notas, archivo
    print("-"*40)
    for y in range(n):
        print(f"Alumno código:{códigos[y]}")
        for x in range(4):
            nota = int(input(f"Nota PC{x+1}:"))
            if(nota>=0 and nota<=20):
```

```python
                notas[y][x] = nota
            else:
                print("ERROR")
        print("-"*40)
    for y in range(n):
        nota = notas[y][0] + notas[y][1] + notas[y][2] + notas[y][3]
        nota = nota/4
        notas[y][4] = nota
    for i in range(n):
        archivo = open("archivo1.txt","a")
        archivo.write(f"{códigos[i]}    {notas[i][0]}    {notas[i][1]}
        archivo.close()
def mostrar_notas():
    print("-"*40)
    archivo = open("archivo1.txt","r")
    reporte = archivo.read()
    print(reporte)
    archivo.close()
    print("-"*40)
def menu():
    opcion = 0
    print("""opciones:
1)Registrar alumnos
2)Registrar notas
3)Mostrar notas
4)Salir""")
    opcion = int(input("Opción="))
    if (opcion==1):
        registrar_alumnos()
        menu()
    if (opcion==2):
        registrar_notas()
        menu()
    if (opcion==3):
        mostrar_notas()
        menu()
    if (opcion==4):
        print("Gracias por usar el programa")

menu()
```

Ln: 63   Col: 0

Ejemplo:

Se ha mostrado anteriormente este ejemplo pero, a continuación, se mostrará con un diseño más estético.

Solución:

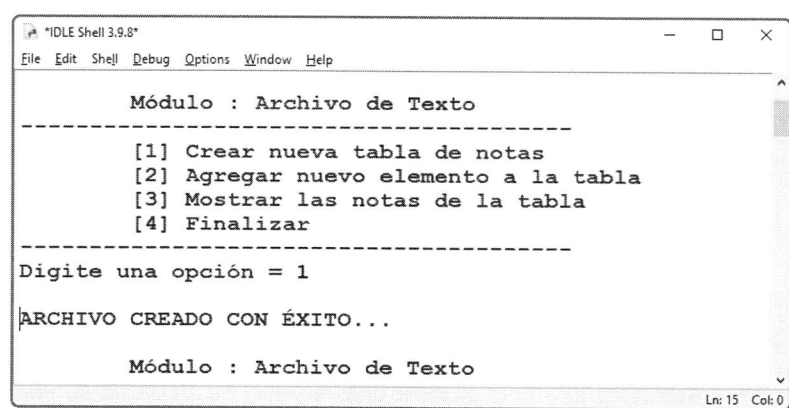

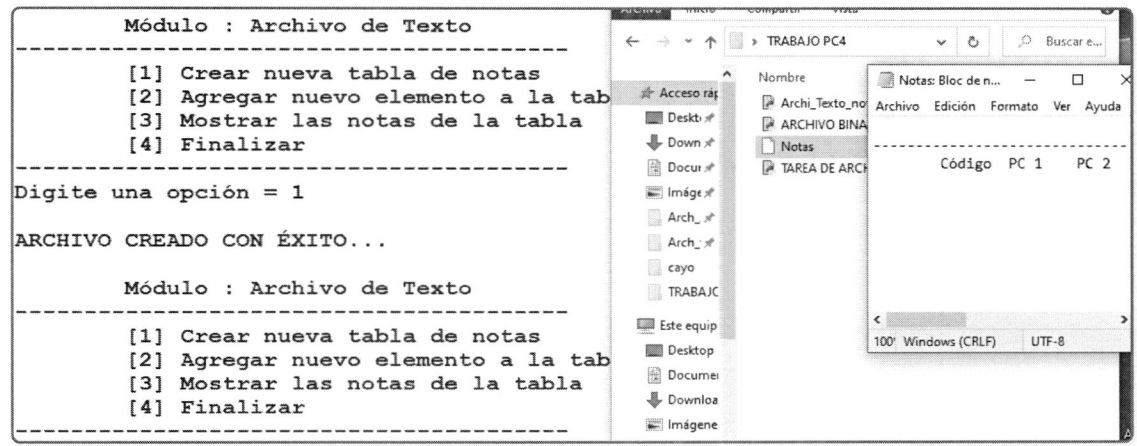

```
            Módulo : Archivo de Texto
------------------------------------------
        [1] Crear nueva tabla de notas
        [2] Agregar nuevo elemento a la tab
        [3] Mostrar las notas de la tabla
        [4] Finalizar
------------------------------------------
Digite una opción = 1

ARCHIVO CREADO CON ÉXITO...

            Módulo : Archivo de Texto
------------------------------------------
        [1] Crear nueva tabla de notas
        [2] Agregar nuevo elemento a la tab
        [3] Mostrar las notas de la tabla
        [4] Finalizar
------------------------------------------
```

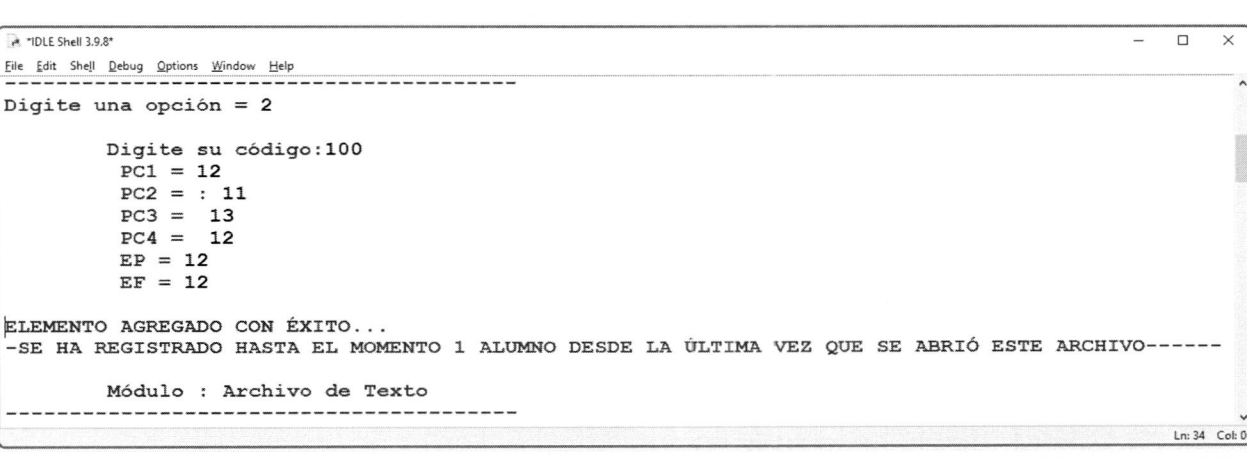

```
*IDLE Shell 3.9.8*                                                    —  □  ×
File  Edit  Shell  Debug  Options  Window  Help
------------------------------------------
Digite una opción = 2

        Digite su código:100
        PC1 = 12
        PC2 = : 11
        PC3 =   13
        PC4 =   12
        EP = 12
        EF = 12

ELEMENTO AGREGADO CON ÉXITO...
-SE HA REGISTRADO HASTA EL MOMENTO 1 ALUMNO DESDE LA ÚLTIMA VEZ QUE SE ABRIÓ ESTE ARCHIVO------

        Módulo : Archivo de Texto
------------------------------------------
                                                                    Ln: 34  Col: 0
```

```
*IDLE Shell 3.9.8*                                                    —  □  ×
File  Edit  Shell  Debug  Options  Window  Help
```

Código	PC 1	PC 2	PC 3	PC 4	PP	EP	EF	PF	Estado
				Reporte de notas					
Código	PC 1	PC 2	PC 3	PC 4	PP	EP	EF	PF	Estado
100	12	11	13	12	12.333	12	12	12.111	Aprobado
200	12	11	5	7	10.000	13	12	11.667	Aprobado
300	12	11	14	2	12.333	2	15	9.778	Desaprobado

```
        Módulo : Archivo de Texto
------------------------------------------
        [1] Crear nueva tabla de notas
        [2] Agregar nuevo elemento a la tabla
        [3] Mostrar las notas de la tabla
        [4] Finalizar
------------------------------------------
Digite una opción =
                                                                    Ln: 34  Col: 0
```

```
*Archi_Texto_notas.py - C:/Users/User/Desktop/TRABAJO PC4/Archi_Texto_notas.py (3.9.8)*
File  Edit  Format  Run  Options  Window  Help

j=0
while True:
    print('\n\tMódulo : Archivo de Texto')
    print('-'*40)
    print(" \t[1] Crear nueva tabla de notas")
    print("\t[2] Agregar nuevo elemento a la tabla ")
    print("\t[3] Mostrar las notas de la tabla  ")
    print("\t[4] Finalizar")
    print('-'*40)
    while True:
        opc=input("Digite una opción = ")
        if opc.isdigit():
            break
        else:
            print("ERROR...INTENTE DE NUEVO")
    if opc=="1":
        arch=open('Notas.txt','a')
        arch.write('')
        arch.write('\t\t\t\t\tReporte de notas\n')
        arch.write('-'*80)
        arch.write('\n\tCódigo \tPC 1 \tPC 2 \tPC 3 \tPC 4 \tPP \tEP \tEF \tPF\tEstado \n')
        arch.close()
        print("\nARCHIVO CREADO CON ÉXITO...")
    elif opc=="2":
        archh=open('Notas.txt','r')
        codigos=[]
        datos=[]
        for lineas in archh:
            partes=str(lineas).split()
            datos.append(partes)
        for i in range(3,len(datos)):
            codigos.append(datos[i][0])
        arch=open('Notas.txt','a')
        while True:
            while True:
                codigo=input("\n\tDigite su código:")
                if codigo.isdigit():
                    break
                else:
                    print("ERROR...INTENTE DE NUEVO")
            if codigo in codigos:
                print("\tEl código ya existe.. intente de nuevo")
            else:
                break
        while True:
            while True:
                pc1=input("\t PC1 = ")
                if pc1.isdigit():
                    break
                else:
                    print("ERROR... Digite un número")
            pc1=int(pc1)
            if pc1<0 or pc1>20:
                print("ERROR... digite de nuevo")
            else:
                break
        while True:
```

Ln: 22 Col: 20

Ejemplo:

Diseñar un programa para mostrar los registros de las notas y los promedios de los alumnos.

Solución:

Archivo

```
Notas.txt: Bloc de notas                                    —  □  ×

Archivo   Edición   Formato   Ver   Ayuda
                              Reporte  de  notas
----------------------------------------------------------------
     Código  PC 1    PC 2     PC 3     PC 4     PP      EP      EF      PF       Estado
                              Reporte  de  notas
----------------------------------------------------------------
     Código  PC 1    PC 2     PC 3     PC 4     PP      EP      EF      PF       Estado
                              Reporte  de  notas
----------------------------------------------------------------
     Código  PC 1    PC 2     PC 3     PC 4     PP      EP      EF      PF       Estado
     100     12      11       13       12       12.333  12      12      12.111   Aprobado
     200     12      11       5        7        10.000  13      12      11.667   Aprobado
     300     12      11       14       2        12.333  2       15      9.778    Desaprobado
     133     1       2        3        2        2.333   2       2       2.111    Desaprobado
                              Reporte  de  notas
----------------------------------------------------------------
     Código  PC 1    PC 2     PC 3     PC 4     PP      EP      EF      PF       Estado
     122     12      12       12       12       12.000  1       1       4.667    Desaprobado
                              Reporte  de  notas
----------------------------------------------------------------
     Código  PC 1    PC 2     PC 3     PC 4     PP      EP      EF      PF       Estado
     222     1       2        2        2        2.000   2       2       2.000    Desaprobado
     111     1       2        3        4        3.000   5       5       4.333    Desaprobado

                            Ln 16, Col 53        100%   Windows (CRLF)    UTF-8
```

Reporte

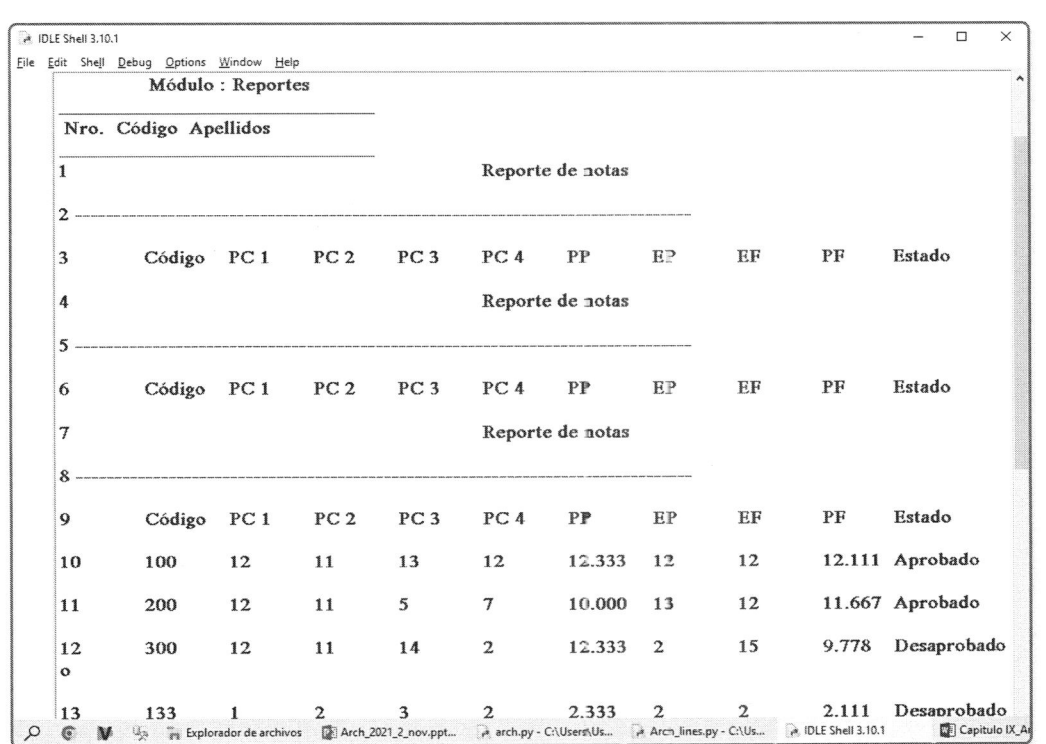

Python desde el laboratorio - Registros, archivos y programación dinámica
TEODORO CÓRDOVA NERI, MSc Y DRA. SARA ARANA TORRES

106

```
*Arch_lines.py - C:\Users\User\Desktop\Taller_2022_1\Taller 2022-1\Arc...    —    □    ×
File  Edit  Format  Run  Options  Window  Help
print("\n\t Módulo : Reportes ")
print("-" *30)
registros = open("notas.txt","r")
i = 1
print (" Nro.  Código  Apellidos ")
print("_" *30)
for linea in registros:
    print("%1d %1s" %(i,linea))
    i=i+1
print("_" *30)
                                                              Ln: 6   Col: 0
```

Ejemplo:

Diseñar un programa para crear un archivo. Para llenarlo de datos, se debe insertar y realizar una pregunta, tal como se ilustra en la gráfica. Se ilustra como archivo.

Solución:

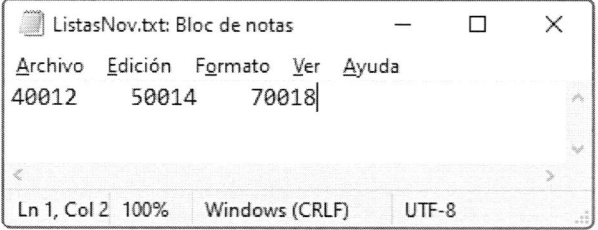

```
ListasNov.txt: Bloc de notas                    —    □    ×
Archivo  Edición  Formato  Ver  Ayuda
40012      50014      70018

Ln 1, Col 2   100%     Windows (CRLF)      UTF-8
```

```
IDLE Shell 3.10.1                               —    □    ×
File  Edit  Shell  Debug  Options  Window  Help

o_insertar.py
 Módulo: Insertar con : ,
_____
código = 100
pc = 12
Registro Insertado....
Datos =  100    12
Desea Insertar nuevo registro..?(S/N) = S
 código = 200
pc = 11
Registro Insertado....
Datos =  200    11
Desea Insertar nuevo registro..?(S/N) = S
 código = 300
pc = 4
Registro Insertado....
Datos =  300    4
Desea Insertar nuevo registro..?(S/N) = N
>>>
                                                              Ln: 7   Col: 0
```

```
*arch_Texto_insertar.py - C:\Users\User\Desktop\Taller_2022_1\Taller 2022-1\Arc...   —   □   ×
File  Edit  Format  Run  Options  Window  Help
def insertar():
    resp='S'
    while(resp=='S'):
        arch = open("ListasNov.txt", "a+")
        cod=input(" código = ")
        arch.write( cod)
        pc=input(" pc = ")
        arch.write( pc)
        arch.write("    ")
        print(" Registro Insertado....")
        print(" Datos = ",cod,"   ",pc);
        arch.close()

        resp=input("Desea Insertar nuevo registro..?(S/N) = ")
        if resp=='N':
            exit()
print(" Módulo: Insertar con : ,")
print("-"*40)
                                                          Ln: 10   Col: 40
```

Conclusiones:

a. Crear: arch = open ('Lista.txt','a ')

b. Grabar: arch.write(' 100 12   12')

c. Insertar: arch = open ('Lista.txt','a ')

d. Establecer una relación lógica entre el archivo y el PC (memoria).

   arch = open ('Lista.txt','r ')

e. Mostrar los registros al usuario desde la memoria.

   print (" ", arch.read())

Ejemplo:

Diseñar un programa para implementar el modelo de relación de la base de datos, compuesto por tres tablas, y hacer mantenimiento. Ver tablas.

Solución:

Información académica de alumnos

Alumnos				
201	202	203	204	205
Saavedra	Campos	Chocos	Piñan	Torres
Jeffrey	José	Jheremy	César	Arturo
18	19	17	15	16

Cursos				
101	103	105	107	109
Química	Física I	Sociología	Constitución	Algoritmos

Notas				
201	202	203	204	205
101	103	105	107	109
14	19	16	13	11
16	11	14	10	6
12	17	15	16	19

Módelo relacional de base de datos

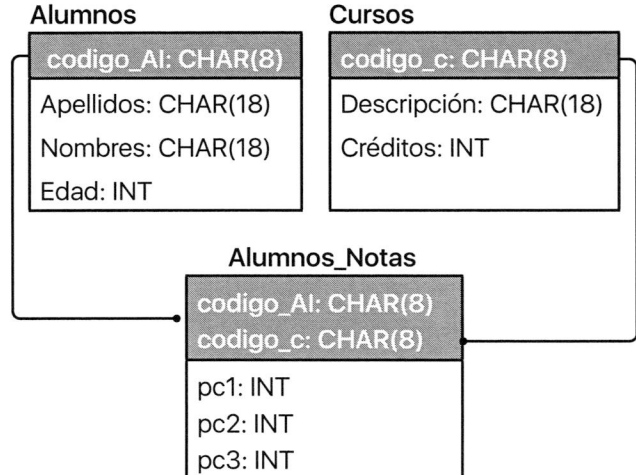

Las relaciones entre tablas quedan definidas mediante:

If nots[k].código_Al==Alum[i].código al and nots[k].código_c==curs[j].código_c :

Y uno de sus reportes al mezclar las 3 tablas es:

print(alum[i].código_Al, nots[k].n1, curs[j].descripcion),

A continuación, se muestran algunas interfaces para el mantenimiento:

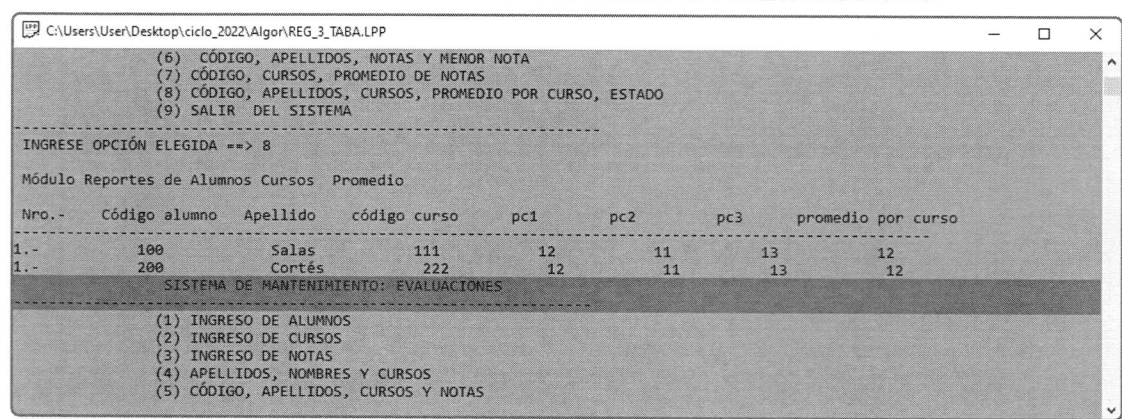

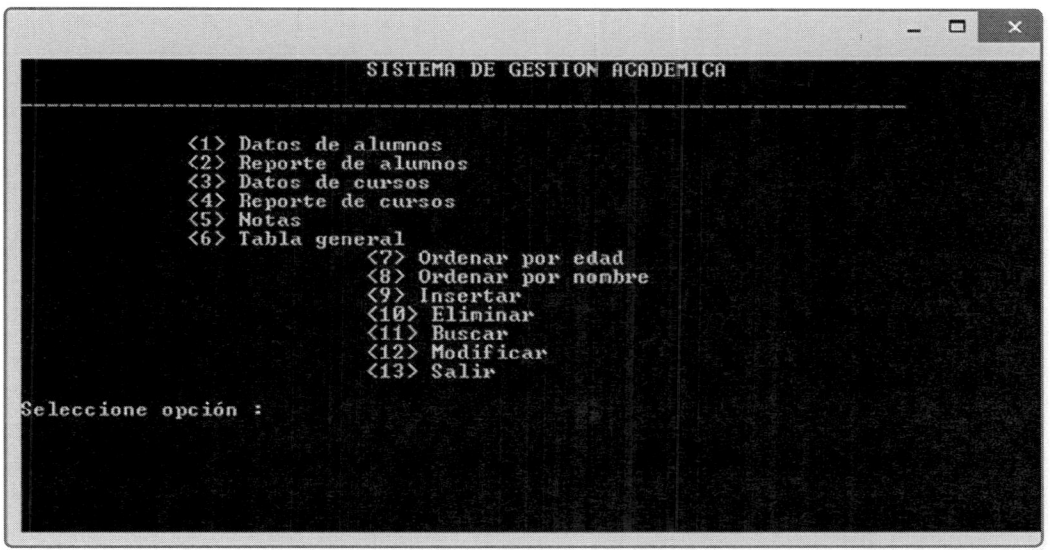

```
SISTEMA DE GESTION ACADEMICA
_____

        <1> Datos de alumnos
        <2> Reporte de alumnos
        <3> Datos de cursos
        <4> Reporte de cursos
        <5> Notas
        <6> Tabla general
                    <7> Ordenar por edad
                    <8> Ordenar por nombre
                    <9> Insertar
                    <10> Eliminar
                    <11> Buscar
                    <12> Modificar
                    <13> Salir

Seleccione opción :
```

IDLE Shell 3.10.1

File Edit Shell Debug Options Window Help

SISTEMA DE MATRÍCULA 2022_2

      < 1 > Registrar Alumnos   donde i, j, k son iterables
      < 2 > Registrar Cursos
      < 3 > Procesar Matrícula
      < 4 > Insertar Alumno
      < 5 > Insertar Curso
      < 6 > Eliminar Alumno
      < 7 > Eliminar Curso
      < 8 > Reportes
      < 9 > Finalizar

< Edite opción ==> 1
Módulo para registrar alumnos
- -
- - - - - - - - - -

      Alumno[1]

      Código = 100
      Nombre = Maria
      Apellido = Salas
      Facultad = FIIS
      Desea registrar otro alumno....? (Sí)/(No)==> Si
      Alumno[2]

      Código = 200
      Nombre = Pedro
      Apellido = Salas
      Facultad = Ciencias
      Desea registrar otro alumno....? (Sí)/(No)==> Si
      Alumno[3]

      Código = 300
      Nombre = Carlos
      Apellido = Cortes
      Facultad = Mecanica

```
          Desea registrar otro alumno....? (Sí)/(No)==> No

          Desea continuar....?(Sí)/(No)==> Si
--------------------------------------------------------------

          SISTEMA DE MATRÍCULA 2022_2
--------------------------------------------------------------
          < 1 > Registrar Alumnos
          < 2 > Registrar Cursos
          < 3 > Procesar Matrícula
          < 4 > Insertar Alumno
          < 5 > Insertar Curso
          < 6 > Eliminar Alumno
          < 7 > Eliminar Curso
          < 8 > Reportes
          < 9 > Finalizar
--------------------------------------------------------------
< Edite opción ==> 2

          Módulo para registrar cursos
------------------------------------------

          Curso[ 1 ]

          Código = 111
          Nombre = LP
          Profesor = Cordova
          Sección = U
          Desea registrar otro curso...? (Sí) / (No)==> Si

          Curso[ 2 ]

          Código = 222
          Nombre = Fisica
          Profesor = Cañote
          Sección = V
          Desea registrar otro curso...? (Sí) / (No)==> Si

          Curso[ 3 ]

          Código = 333
          Nombre = Algebra
          Profesor = Sanchez
          Sección = W
          Desea registrar otro curso...? (Sí) / (No)==> No


< Edite opción ==> 3

          Módulo para matrículas
--------------------------
          Para qué curso desea abrir matrícula?... LP
          Curso no encontrado

          Desea abrir matrícula de otro curso...?(Sí)/(No)==> Si
          Para qué curso desea abrir matrícula?... 100
          Curso no encontrado
```

```
Desea abrir matrícula de otro curso...?(Sí)/(No)==> Si
Para qué curso desea abrir matrícula?... 111

Bienvenido al sistema de matrícula para el curso :  111

Ingrese el código del alumno a matricular : 100

Alumno  100  matriculado correctamente

Desea continuar con siguiente alumno..?(Sí)/ (No)==> Si

Ingrese el código del alumno a matricular : 200

Alumno  200  matriculado correctamente

Desea continuar con siguiente alumno..?(Sí)/ (No)==> Si

Ingrese el código del alumno a matricular : 222
```
Ln: 123   Col: 0

```
        < 9 > Finalizar
-----------------------------------------------------
< Edite opción ==> 8

REPORTES
-----------------------------------------

        Reporte de Alumnos
-----------------------------------------

        Código  Nombre  Apellido  Facultad
-----------------------------------------------
100 María Salas FIIS
200 Pedro Salas Ciencias
300 Carlos Cortés Mecánica




        Reporte de Cursos
-----------------------------------------------

        Código Nombre Profesor Sección
-----------------------------------------------
111 LP Córdova U
222 Física Cañote V
333 Álgebra Sánchez W
```
Ln: 171   Col: 35

```
Arch_Registros_Nov_2021.py - C:\Users\User\Desktop\ciclo_2021_2\Clases_2021_II\co...   —   □   ✕
File  Edit  Format  Run  Options  Window  Help

valor=True
while(valor):
    print("-"*60)
    print("\n\tSISTEMA DE MATRÍCULA 2022_2")
    print("-"*60)
    print(""\t< 1 > Registrar Alumnos
\t< 2 > Registrar Cursos
\t< 3 > Procesar Matrícula
\t< 4 > Insertar Alumno
\t< 5 > Insertar Curso
\t< 6 > Eliminar Alumno
\t< 7 > Eliminar Curso
\t< 8 > Reportes
\t< 9 > Finalizar "")
```

libro_python_...   regist_3_tablas...   Capitulo IX_Ar...   Arch_Text_Bina...   cadena

```
Arch_texto_modelo3_tab.py - H:\LP_2022_OCT\Arch_texto_modelo3_tab.py (3.10.1)   —   □   ✕
File  Edit  Format  Run  Options  Window  Help

op = int(input("\t< Edite opción ==> "))
if (op==1):
    print("\n\tMódulo para registrar alumnos")
    print("————————————————————————————")
    def Archivo():
        arc=open("alumnos.txt","w")
        i=1
        b=True
        vec=[]
        while(b):
            print("\nAlumno[",i,"]\n")
            wuu=True
            e=0
            while (wuu or e==0):
                e=e+1
                cod=int(input("\tCódigo = "))
                vec.append(cod)
                for j in range(i):
                    if (i>1 and j!=i-1):
                        if (cod==vec[j]):
                            print("\tEste código ya existe, vuelva a intentarlo...")
                            wuu=True
                            e=0
                        else:
                            wuu=False
                if (e==0):
                    vec.pop()
            nom=str(input("\tNombre = "))
            nom=input("\tNombre = ")
            ape=input("\tApellido = ")
            fac=input("\tFacultad = ")
            arc.write(str(cod)+" "+nom+" "+ape+" "+fac+"\n")
            o=str(input("\tDesea registrar otro alumno? Responda (Sí) o (No) ->
            if (o=="Si"):
                b=True
```

```
        i=i+1
      if (o=="No"):
        b=False
    arc.close()
  Archivo()
if (op==2):
  print("\n\tMódulo para registrar cursos")
  print("————————————————————")
```

```
          if (e==0):
            vec.pop()
        nom=input("\tNombre = ")
        ape=input("\tApellido = ")
        fac=input("\tFacultad = ")
        arc.write(str(cod)+" "+nom+" "+ape+" "+fac+"\n")
        o=input("\tDesea registrar otro alumno....? (Sí)/(No)==> ")
        if (o=="Sí"):
          b=True
          i=i+1
        if (o=="No"):
          b=False
      arc.close()
    Archivo()
  if (op==2):
    print("\n\tMódulo para registrar cursos")
    print("-"*40)
    def Archivo():
      arc=open("cursos.txt","w")
      i=1
      b=True
      vec2=[]
      while(b):
        print("\n\tCurso[",i,"]\n")
        wuu=True
        e=0
        while(wuu or e==0):
          e=e+1
          cod_=int(input("\tCódigo = "))
          vec2.append(cod_)
          for j in range(i):
            if (i>1 and j!=i-1):
              if (cod_==vec2[j]):
                print("\tEste código ya existe, vuelva a intentarlo..."
                wuu=True
                e=0
            else:
                wuu=False
          if (e==0):
            vec2.pop()
        nom_=str(input("\tNombre = "))
        pro=str(input("\tProfesor = "))
        sec=str(input("\tSección = "))
        arc.write(str(cod_)+" "+nom_+" "+pro+" "+sec+"\n")
        o=str(input("\tDesea registrar otro curso...? (Sí) / (No)==> "))
        if (o=="Sí"):
          b=True
```

```
                i=i+1
            if (o=="No"):
                b=False
        arc.close()
    Archivo()
if (op==3):
    print("\n\tMódulo para matrículas")
    print("------------------------------")
    def Matricula():
        b=True
        b1=True
        arc=open("cursos.txt")
        vector1=arc.readlines()
        arc.close()
        arc1=open("matrícula.txt","a")
        arc2=open("alumnos.txt")
        vector2=arc2.readlines()
        arc2.close()
        lis1=[]
        while (b):
            curso=str(input("\Para qué curso desea abrir matrícula?... "))
            error=0
            for i in vector1:
                a=1
                for j in range(len(i)):
                    if (i[j:j+1]==" "):
                        while (a<2):
                            x=j
                            a=a+1
                if (curso==i[0:x]):
                    for k in lis1:
                        if (curso==k):
                            print("\tError, curso ya registrado")
                            error=1
                    if (error==0):
                        print("\n\tBienvenido al sistema de matrícula para el cu
                        arc1.write(curso+" : ")
                        lis1.append(curso)
                        d=True
                        d1=True
                        b1=False
                        lis2=[]
                        while (d):
                            al=str(input("\n\tIngrese el código del alumno a mat
                            error=0
                            for i in vector2:
                                a=1
                                for j in range(len(i)):
                                    if (i[j:j+1]==" "):
                                        while (a<2):
                                            x=j
                                            a=a+1
                                if (al==i[0:x]):
                                    for k in lis2:
                                        if (al==k):
                                            print("\tError, alumno está matriculado")
                                            error=1
```

```
                              if (error==0):
                                    print("\n\tAlumno ",al," matrículado correct
                                    arc1.write(al+" ")
                                    lis2.append(al)
                                    d1=False
                        if (d1):
                              print("\tAlumno no encontrado")
                        op=str(input("\n\tDesea continuar con siguiente alur
                        if (op=="Sí"):
                              d=True
                        if (op=="No"):
                              d=False
                              arc1.write("\n")
            if (b1):
                  print("\tCurso no encontrado")
            o=str(input("\n\tDesea abrir matrícula de otro curso...?(Sí)/(N
            if (o=="Sí"):
                  b=True
            if (o=="No"):
                  b=False
      Matricula()
if (op==4):
      print("\n\tMódulo para insertar alumnos")
      print("-"*50)
      archivo=open('alumnos.txt','r')
      vector=archivo.readlines()
      archivo.close()
      e=0
      x=100
      cod=int(input("\tCódigo = "))
      for i in vector:
            a=1
            for j in range(len(i)):
                  if (i[j:j+1]==" "):
                        while (a<2):
                              x=j
                              a=a+1
            if (str(cod)==i[0:x]):
                  print("\t código ya existe...")
                  e=1
      if (e!=1):
            nom=input("\tNombre = ")
            ape=input("\tApellido = ")
            fac=input("\tFacultad = ")
            arc1=open("alumnos.txt","a")
            arc1.write(str(cod)+" "+nom+" "+ape+" "+fac+"\n")
            arc1.close()
if (op==5):
      print("\n\tMódulo para insertar cursos")
      print("-"*50)
      archivo=open('cursos.txt','r')
      vector=archivo.readlines()
      archivo.close()
      e=0
      x=100
      cod=int(input("\tCódigo = "))
      for i in vector:
```

```python
            a=1
            for j in range(len(i)):
                if (i[j:j+1]==" "):
                    while (a<2):
                        x=j
                        a=a+1
            if (str(cod)==i[0:x]):
                print("\tcódigo existe...")
                e=1
        if (e!=1):
            nom=input("\tNombre = ")
            pro=input("\tProfesor = ")
            sec=input("\tSección = ")
            arc1=open("cursos.txt","a")
            arc1.write(str(cod)+" "+nom+" "+pro+" "+sec+"\n")
            arc1.close()
    if (op==6):
        print("\n\tMódulo para eliminar alumnos")
        print("-"*50)
        archivo=open('alumnos.txt','r')
        vector=archivo.readlines()
        archivo.close()
        cod=int(input("\tIngrese código que desea eliminar = "))
        x=100
        for i in vector:
            a=1
            for j in range(len(i)):
                if (i[j:j+1]==" "):
                    while (a<2):
                        x=j
                        a=a+1
            if (str(cod)==i[0:x]):
                print("\tAlumno eliminado correctamente")
                vector.remove(i)
```

`Ln: 226   Col: 24`

Arch_texto_modelo3_tab.py - H:\LP_2022_OCT\Arch_texto_modelo3_tab.py (3.10.1)   — □ ×

File   Edit   Format   Run   Options   Window   Help

```python
        archivo=open('cursos.txt','w')
        for i in vector:
            archivo.write(i)
        archivo.close()
    if (op==8):
        print("\nREPORTES")
        print("------------")
        arc=open("alumnos.txt","r")
        print("\nReporte de Alumnos")
        print("")
        print("Código Nombre Apellido Facultad")
        print(arc.read())
        print("")
        arc1=open("cursos.txt","r")
        print("\nReporte de Cursos")
        print("")
        print("Código Nombre Profesor Sección")
        print(arc1.read())
        print("")
```

```
        arc2=open("matricula.txt","r")
        print("\nReporte de Matrícula")
        print("")
        print("Código   Alumnos matriculados")
        print(arc2.read())
    if (op==9):
        print("\nHasta pronto...")
        valor=False
```

```
*Arch_Registros_Nov_2021.py - C:\Users\User\Desktop\ciclo_2021_2\Clases_20...   —   □   ×
File  Edit  Format  Run  Options  Window  Help
        valor=True
    if (opf=="No"):
        valor=False
                                                                    Ln: 295  Col: 0
```

Ejemplo:

Diseñar un programa para ordenar de forma ascendente los registros y, luego, hacer un reporte.

Solución:

Registros desordenados   Registros ordenados

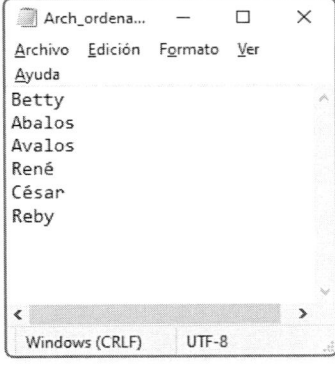

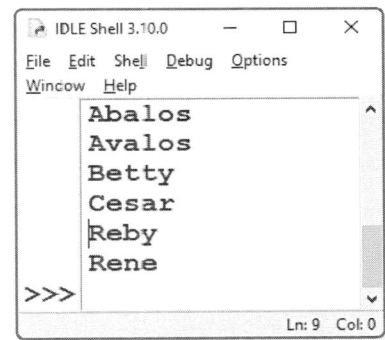

```
Arch_ordenar.py - C:/Users/User/Desktop/Arch_2021_II/Arch_ordenar.py (3.10.0)   —   □   ×
File  Edit  Format  Run  Options  Window  Help
registros.close()
"""

def ordenar():
    with open('Arch_ordenar.txt', 'r') as arch:
        for reg in sorted(arch):
            print(reg, end='')
ordenar()
                                                                    Ln: 9  Col: 23
```

Ejemplo:

Diseñar un programa que permita mostrar las alternativas diseñadas en la siguiente interfaz. En la alternativa 1, si se introduce el código incorrecto, el sistema avisa del error y, luego, indica al usuario el código correcto.

Solución:

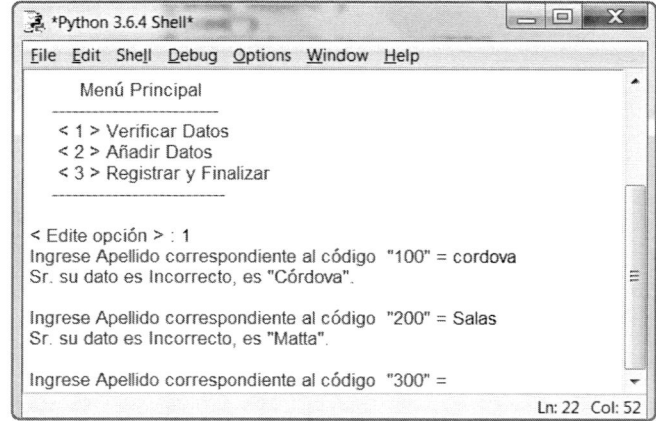

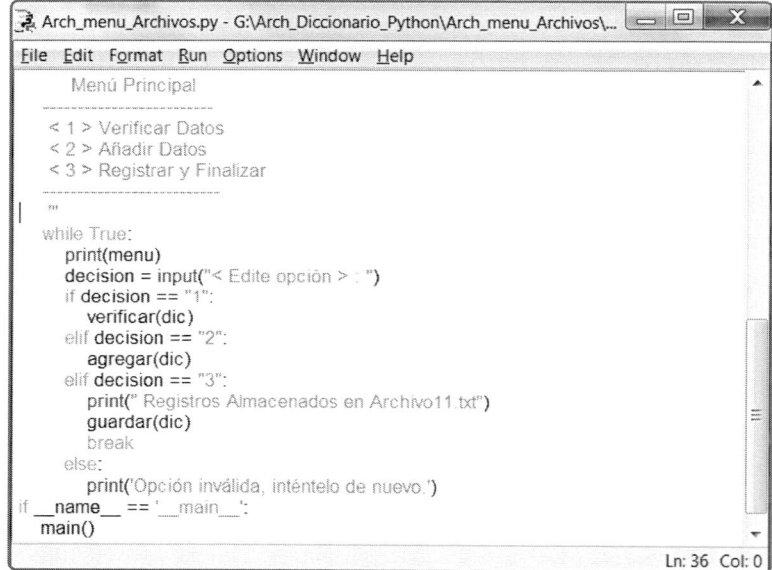

Ejemplo:

Considerar el siguiente modelo de relación de base de datos.

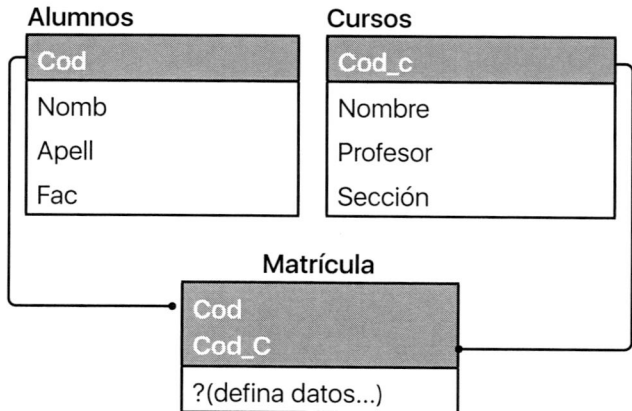

Implementar un programa que realice las alternativas mostradas en la siguiente interfaz, en la cual se dispone de nueve opciones:

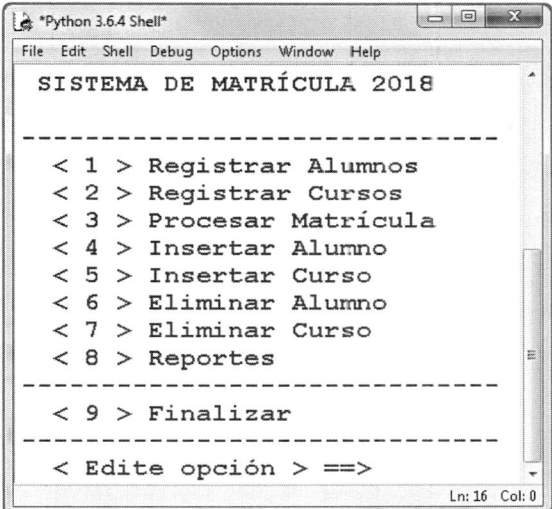

Estas opciones permiten procesar registros, los cuales se encuentran en los siguientes archivos:

a. **Alumnos.txt.** Archivo de escritura.

b. **Cursos.txt.** Archivo de escritura.

c. **Matricula.txt.** Archivo de inserción.

En la siguiente interfaz, se dispone de los siguientes archivos (ver interfaz).

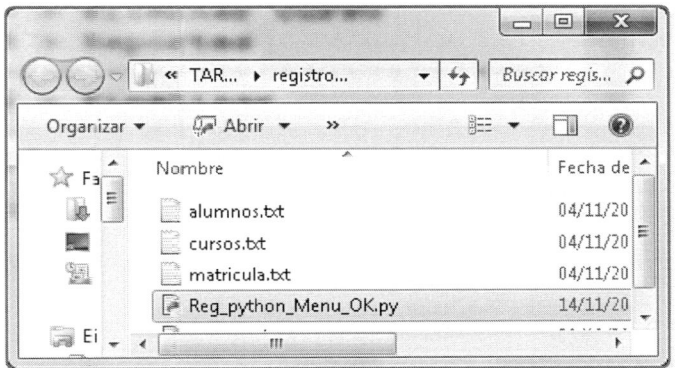

A continuación, se ilustra la funcionalidad de cada opción:

a. **Opción < 1 >: Registrar alumnos.** Permite registrar alumnos según campos definidos.

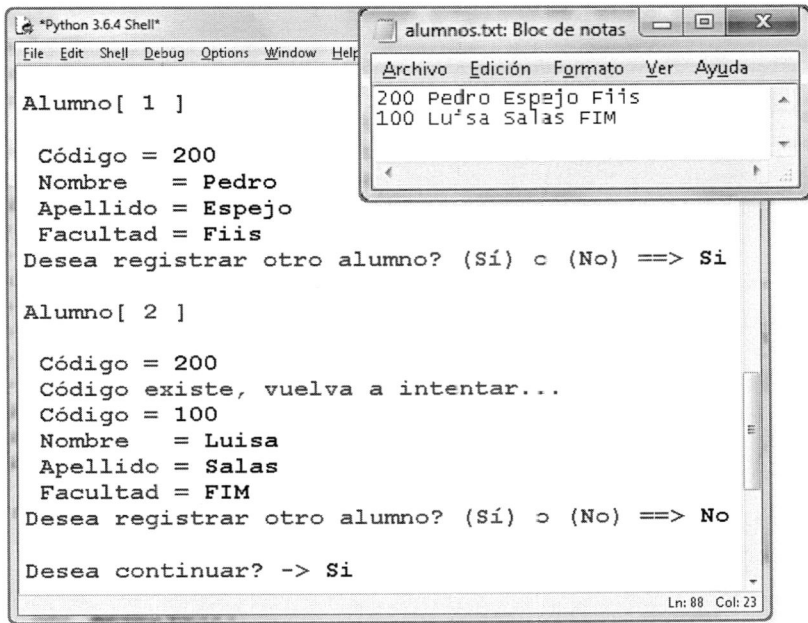

b. **Opción < 2 >: Registrar cursos.** Permite introducir cursos, y el código debe ir validándose.

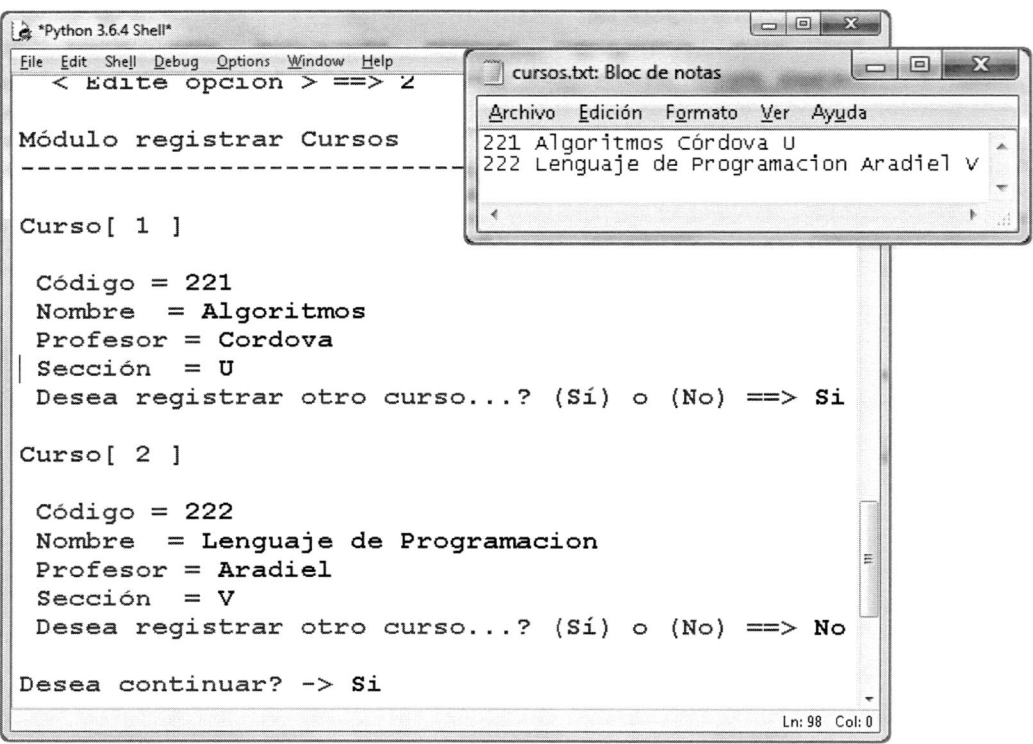

c. **Opción < 3 >: Procesar matrícula.** Permite registrar docentes y los cursos que dictan.

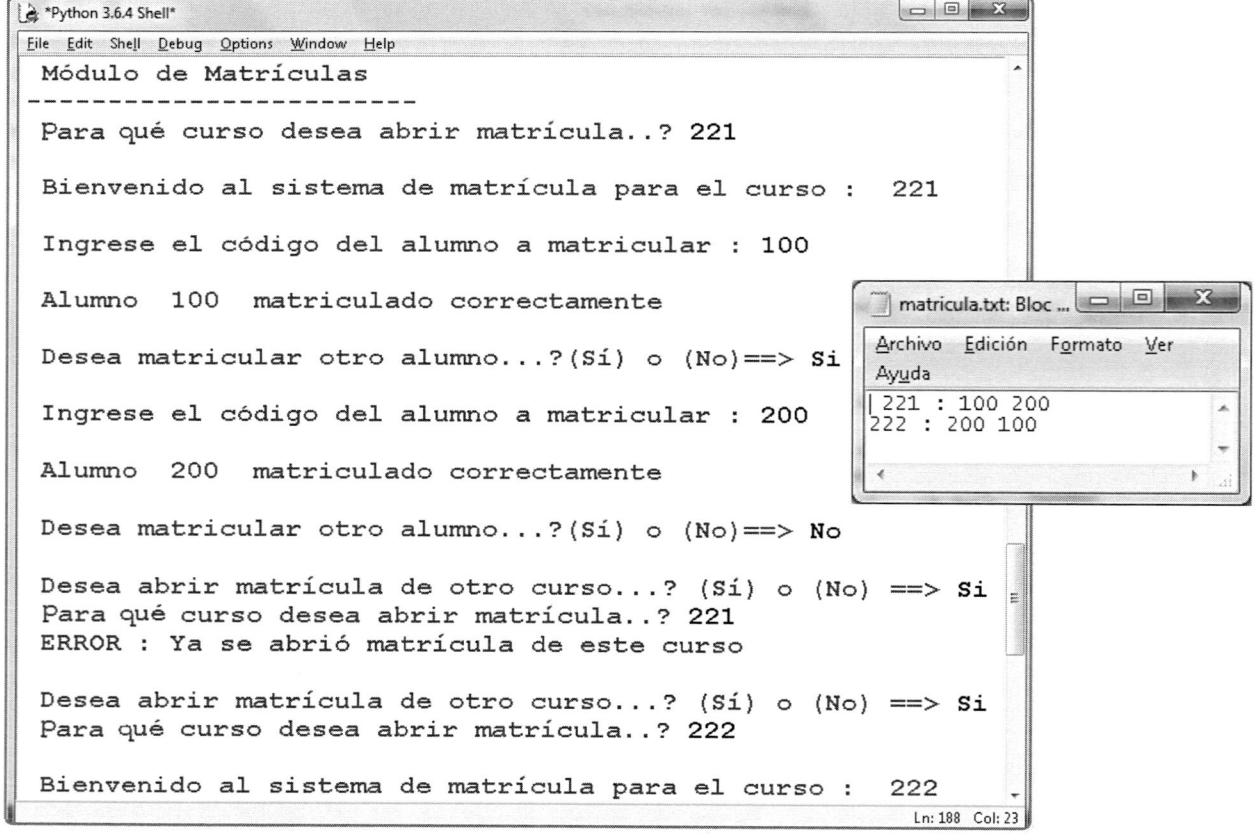

d. **Opción < 4 >: Insertar alumno.**

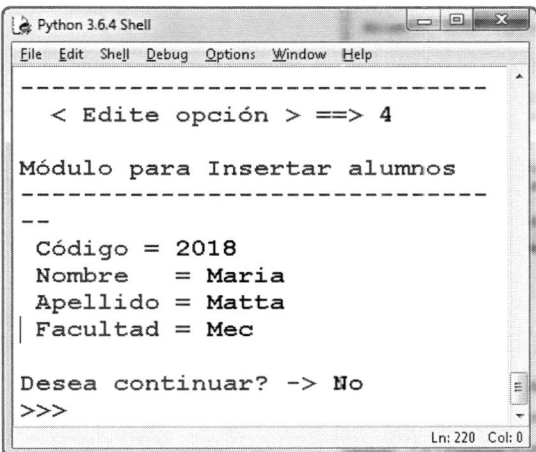

e. **Opción < 5 >: Reportes.**

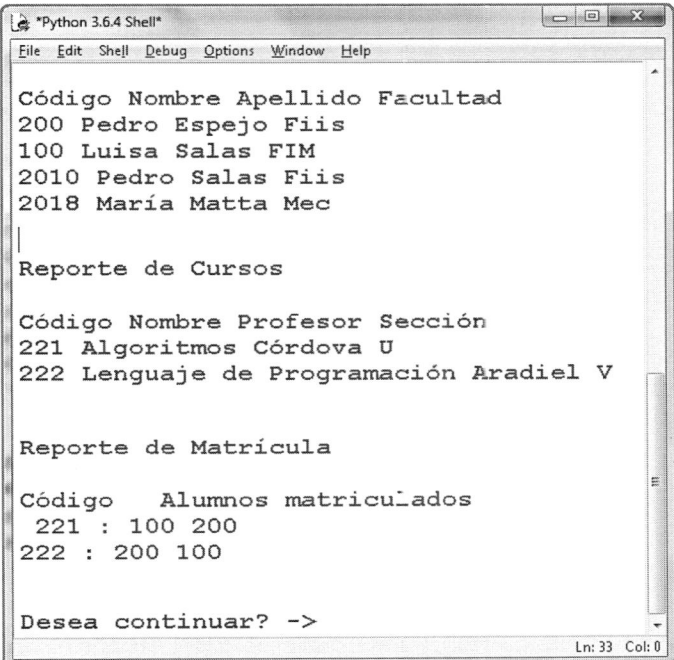

f. **Opción < 6 >: Eliminar alumno.** Se elimina según el código.

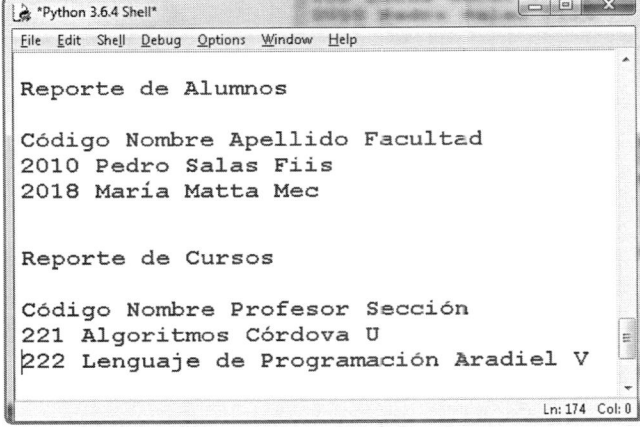

Solución:

De este modo, se pueden continuar ejecutando las demás opciones.

```
*Reg_python_Menu_OK.py - C:\Users\Cordova\Desktop\Ciclo_2018_II\LPE_2018_II\Arch_Diccionario_Python\Archivos_LPE_2017\TAREA 1\registros lpe\Reg_python_Menu_...
File  Edit  Format  Run  Options  Window  Help
valor=True
while(valor):
    print("")
    print(" SISTEMA DE MATRÍCULA 2018")

    print("")
    print("-----------------------------")
    print('''   < 1 > Registrar Alumnos
< 2 > Registrar Cursos
< 3 > Procesar Matrícula
< 4 > Insertar Alumno
< 5 > Insertar Curso
< 6 > Eliminar Alumno
< 7 > Eliminar Curso
< 8 > Reportes ''')
    print("-----------------------------")
    print('  < 9 > Finalizar ' )
    print("-----------------------------")

    op = int(input("  < Edite opción > ==> "))
    if (op==1):
        print("\n Módulo para registrar alumnos")
        print("-------------------------------")
        def Archivo():
            arc=open("alumnos.txt","w")
             b=True
            vec=[]
            while(b):
                print("\nAlumno[",i,"]\n")
                wuu=True
                e=0
                while (wuu or e==0):
                    e=e+1
                    cod=int(input(" Código = "))
                    vec.append(cod)
                    for j in range(i):
                        if (i>1 and j!=i-1):
                            if (cod==vec[j]):
                                print(" Código existe, vuelva a intentar...")
                                wuu=True
                                e=0
                        else:
                            wuu=False
                    if (e==0):
                        vec.pop()
                nom=str(input(" Nombre   = "))
                ape=str(input(" Apellido = "))
                fac=str(input(" Facultad = "))
                arc.write(str(cod)+" "+nom+" "+ape+" "+fac+"\n")
                o=str(input("Desea registrar otro alumno? (Sí) o (No) ==> "))
                  if (o=="Sí"):
                    b=True
                    i=i+1
                if (o=="No"):
                    b=False
            arc.close()
        Archivo()
    if (op==2):
        print("\nMódulo registrar Cursos")
```

```python
        print("---------------------------")
    def Archivo():
        arc=open("cursos.txt","w")
        i=1
        b=True
        vec2=[]
        while(b):
            print("\nCurso[",i,"]\n")
            wuu=True
            e=0
            while(wuu or e==0):
                e=e+1
                cod_=int(input(" Código = "))
                vec2.append(cod_)
                for j in range(i):
                    if (i>1 and j!=i-1):

        b1=True
        arc=open("cursos.txt")
        vector1=arc.readlines()
        arc.close()
        arc1=open("matrícula.txt","a")
        arc2=open("alumnos.txt")
        vector2=arc2.readlines()
        arc2.close()
        lis1=[]
        while (b):
            curso=str(input(" Para qué curso desea abrir matrícula..? "))
            error=0
            for i in vector1:
                a=1
                for j in range(len(i)):
                    if (i[j:j+1]==" "):
                        while (a<2):
                            x=j
                            a=a+1
                if (curso==i[0:x]):
                    for k in lis1:
                        if (curso==k):
                            print(" ERROR : Ya se abrió matrícula de este curso")
                            error=1
                        if (cod_==vec2[j]):
                            print(" Código ya existe, vuelva a ingresar...")
                            wuu=True
                            e=0
                    else:
                        wuu=False
                if (e==0):
                    vec2.pop()
            nom_=str(input(" Nombre  = "))
            pro=str(input(" Profesor = "))
            sec=str(input(" Sección  = "))
            arc.write(str(cod_)+" "+nom_+" "+pro+" "+sec+"\n")
            o=str(input(" Desea registrar otro curso...? (Sí) o (No) ==> "))
            if (o=="Sí"):
                b=True
                i=i+1
            if (o=="No"):
                b=False
        arc.close()
    Archivo()
if (op==3):
    print("\n Módulo de Matrículas")
    print("------------------------")
    def Matrícula():
        b=True
```

```python
                    if (error==0):
                        print("\nBienvenido al sistema de matrícula para el curso:",curso)
                        arc1.write(curso+" : ")
                        lis1.append(curso)
                        d=True
                        d1=True
                        b1=False
                        lis2=[]
                        while (d):
                            al=str(input("\n Ingrese el código del alumno a matricular : "))
                            error=0
                            for i in vector2:
                                a=1
                                for j in range(len(i)):
                                    if (i[j:j+1]==" "):
                                        while (a<2):
                                            x=j
                                            a=a+1
                                if (al==i[0:x]):
                                    for k in lis2:
                                        if (al==k):
                                            print(" ERROR : El alumno ya está matriculado")
                                            error=1
                                    if (error==0):
                                        print("\n Alumno ",al," matriculado correctamente'
                                        arc1.write(al+" ")
                                        lis2.append(al)
                                        d1=False
                            if (d1):
                                print(" Alumno no encontrado")
                            op=str(input("\n Desea matricular otro alumno...?(Sí) o (No)==>
                            if (op=="Sí"):
                                d=True
                            if (op=="No"):
                                d=False
                                arc1.write("\n")
                if (b1):|
                    print("Curso no encontrado")
                o=str(input("\n Desea abrir matrícula de otro curso...? (Sí) o (No) ==> "))
                if (o=="Sí"):
                    b=True
                if (o=="No"):
                    b=False
        Matricula()
if (op==4):
    print("\nMódulo para Insertar alumnos")
    print("---------------------------------")
    archivo=open('alumnos.txt','r')
    vector=archivo.readlines()
    archivo.close()
    e=0
    x=100
    cod=int(input("Código = "))
    for i in vector:
        a=1
        for j in range(len(i)):
            if (i[j:j+1]==" "):
                while (a<2):
                    x=j
                    a=a+1
        if (str(cod)==i[0:x]):
            print("Este código ya existe...")
            e=1
    if (e!=1):
        nom=str(input("Nombre = "))
        pro=str(input("Profesor = "))
        sec=str(input("Sección = "))
        arc1=open("cursos.txt","a")
        arc1.write(str(cod)+" "+nom+" "+pro+" "+sec+"\n")
        arc1.close()
if (op==6):
```

```
        print("\nMódulo para eliminar alumnos")
        print("---------------------------------")
          archivo.close()
        e=0
        x=100
        cod=int(input(" Código = "))
        for i in vector:
            a=1
            for j in range(len(i)):
                if (i[j:j+1]==" "):
                    while (a<2):
                        x=j
                        a=a+1
            if (str(cod)==i[0:x]):
                print("Este código ya existe.. ")
                e=1
        if (e!=1):
            nom=str(input(" Nombre   = "))
            ape=str(input(" Apellido = "))
            fac=str(input(" Facultad = "))
            arc1=open("alumnos.txt","a")
            arc1.write(str(cod)+" "+nom+" "+ape+" "+fac+"\n")
            arc1.close()
if (op==5):
    print("\nMódulo para insertar cursos")
    print("--------------------------------")
    archivo=open('cursos.txt','r')
    vector=archivo.readlines()
    archivo.close()
    cod=int(input("Ingrese código del alumno a eliminar = "))
    x=100
    for i in vector:
        a=1
        for j in range(len(i)):
            if (i[j:j+1]==" "):
                while (a<2):
                    x=j
                    a=a+1
        if (str(cod)==i[0:x]):
            print("Alumno eliminado correctamente")
            vector.remove(i)
    archivo=open('alumnos.txt','w')
    for i in vector:
        archivo.write(i)
    archivo.close()
if (op==7):
    print("\nMódulo para eliminar cursos")
    print("---------------------------")
    archivo=open('cursos.txt','r')
    vector=archivo.readlines()
    archivo.close()
    cod=int(input("Ingrese el código de curso a eliminar = ")
    x=100
    for i in vector:
        a=1
        for j in range(len(i)):
            if (i[j:j+1]==" "):
                while (a<2):
                    x=j
                    a=a+1
        if (str(cod)==i[0:x]):
            print("Curso eliminado correctamente")
            vector.remove(i)
    archivo=open('cursos.txt','w')
    for i in vector:
        archivo.write(i)
    archivo.close()
if (op==8):
    print("\nREPORTES")
    print("------------")
    arc=open("alumnos.txt","r")
    print("\nReporte de Alumnos")
    print("")
    print("Código Nombre Apellido Facultad")
    print(arc.read())
    print("")
```

```
arc1=open("cursos.txt","r")
print("\nReporte de Cursos")
print("")
print("Código Nombre Profesor Sección")
print(arc1.read())
print("")
arc2=open("matrícula.txt","r")
print("\nReporte de Matricula")
print("")
print("Código  Alumnos matriculados")
print(arc2.read())
if (op==9):
    print("\nHasta pronto...")
    valor=False
if (op!=9):
    opf=str(input("\nDesea continuar? -> "))
    if (opf=="Sí"):
        valor=True
    if (opf=="No"):
        valor=False
```
Ln: 13 Col: 26

Ejercicio:

Diseñar una aplicación informática que permita hacer mantenimiento a la base de datos, la cual contiene registros de alumnos almacenados en una tabla. Los datos se identifican por código, apellidos y edad.

El código debe autogenerarse usando el algoritmo del módulo 11, que se genera de forma aleatoria (en este caso, el usuario no introduce el código) en el año respectivo. Se autogenera después de hacer la validación de usuarios.

Procedimiento en el diseño del programa:

Se deben usar subprogramas en el diseño. Primero, se debe enviar el mensaje "transacción: Fecha xxxxxx y Hora: xxxxxxxx". Luego, con la opción 1, se puede realizar el proceso de validación. El sistema solicitará que se introduzcan los siguientes datos:

User =100   Clave =123.

Solo se aceptarán tres errores; en otro caso, se saldrá del programa.

Si se valida correctamente, el sistema debe listar el código autogenerado y, luego, solicitar que se introduzcan los datos del alumno, el código del curso y cuatro prácticas calificadas. A continuación, se pueden realizar las tareas del menú con las 13 opciones para hacer el mantenimiento respectivo. En las siguientes interfaces, se ilustrará la ejecución del sistema de gestión académica.

Interfaz del modelo relacional de la base de datos: alumnos, cursos y sus notas

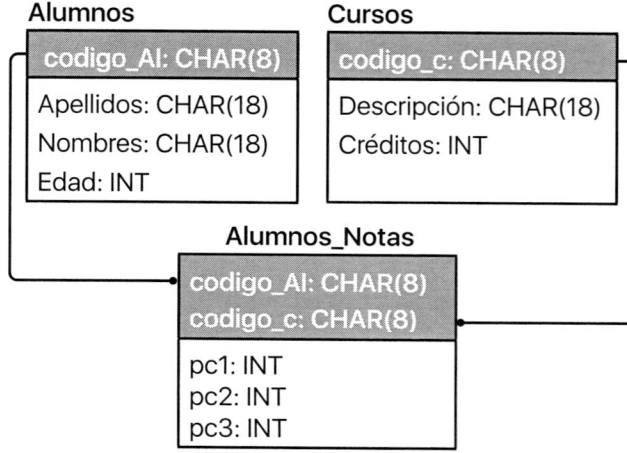

Interfaz inicial: cuando inicia con la compilación del programa.

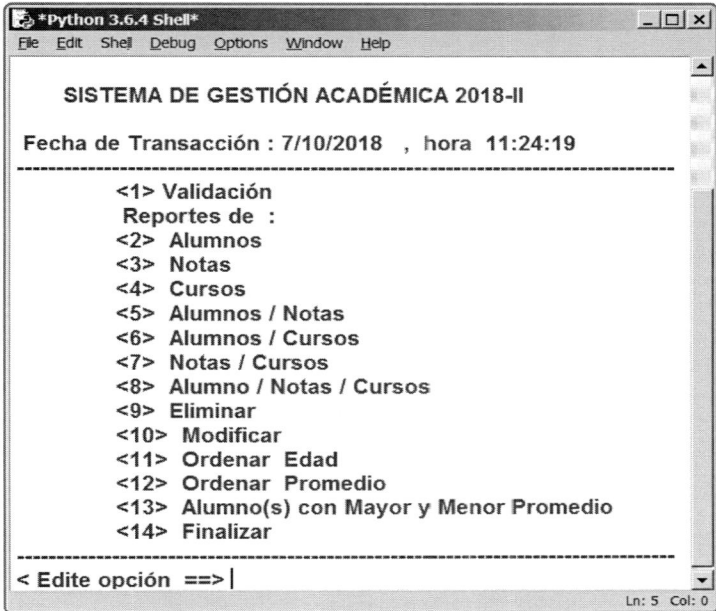

Ejecutar la opción 1 permite hacer la validación del usuario y, si los datos son correctos, se autogenera el código inmediatamente. A continuación, se solicitan los datos de los alumnos y los cursos. Esto se realiza de forma interactiva, ante la pregunta realizada por parte del sistema.

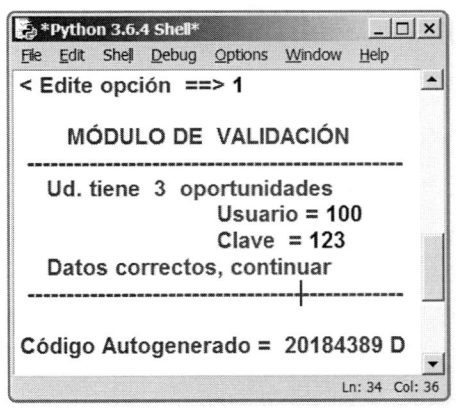
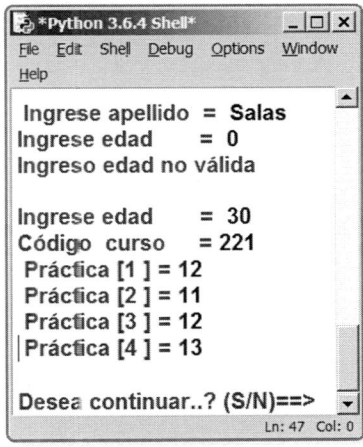

Resultados de ejecutar la opción 2, que lista a los alumnos por código, apellido y edad.

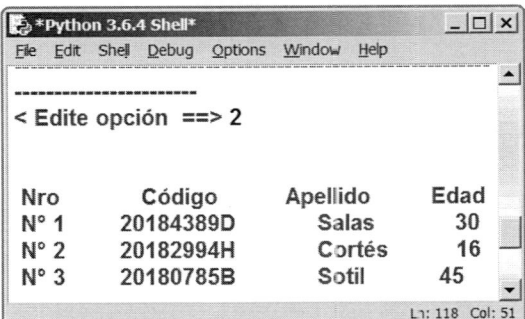

Resultados de ejecutar la opción 3, que lista a los alumnos por código, prácticas y promedio.

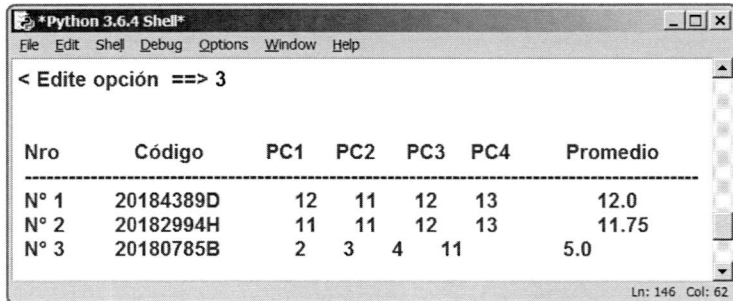

Resultados de ejecutar la opción 4, que lista a los alumnos por código y curso.

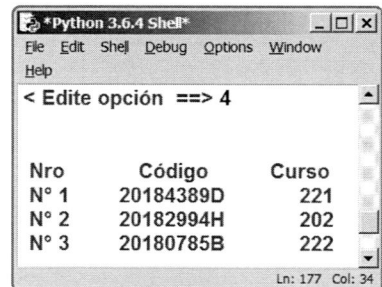

Resultados de ejecutar la opción 5, que lista a los alumnos por código, apellidos, prácticas y promedio.

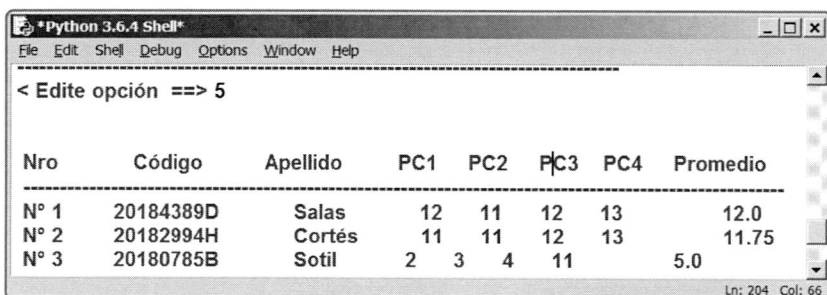

Resultados de ejecutar la opción 6, que lista a los alumnos por código, apellidos y código de cursos.

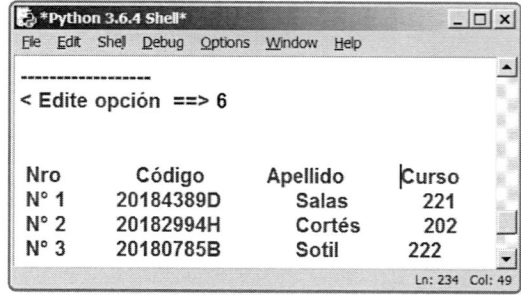

Resultados de ejecutar la opción 7, que lista a los alumnos por código, código de curso, prácticas y promedio.

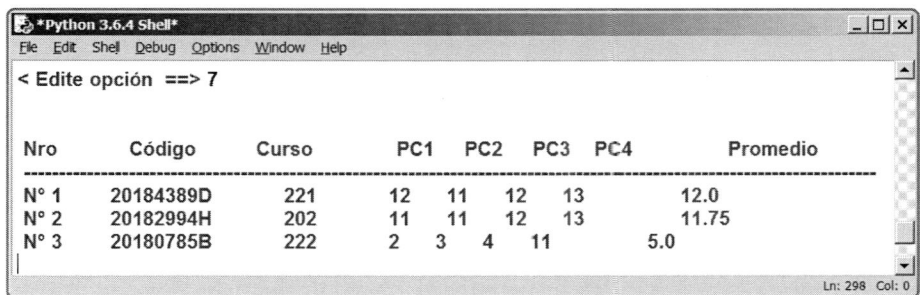

Resultados de ejecutar la opción 8, que lista a los alumnos por código, apellidos, edad y prácticas.

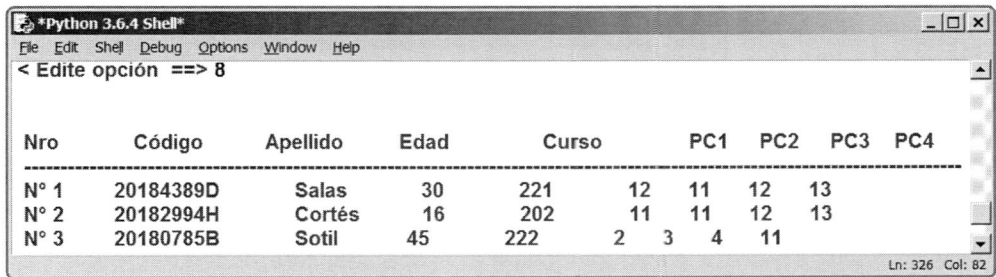

Resultados de ejecutar la opción 9, que solicita el código del alumno a eliminar. Asimismo, si se desea, se puede continuar eliminando.

Resultados de ejecutar la opción 10, que solicita el dato a modificar. También se puede eliminar el código, como se puede apreciar a continuación.

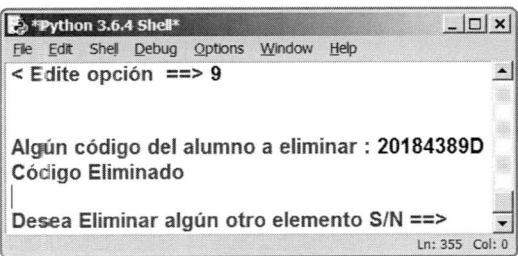

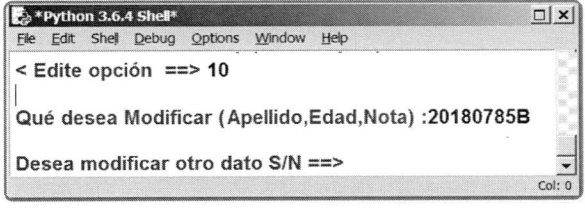

Resultados de ejecutar la opción 11, que solicita el tipo de ordenamiento: creciente o decreciente por apellidos.

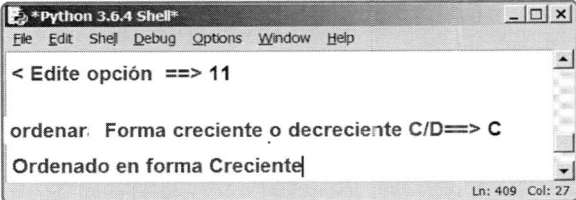

Resultados de ejecutar la opción 12, que solicita el tipo de ordenamiento: creciente o decreciente por el promedio.

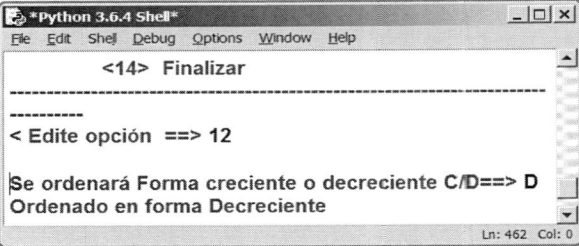

Resultados de ejecutar la opción 13, que permite conocer al alumno con mayor y menor promedio y, asimismo, sus códigos y nombres, respectivamente.

Ejemplo:

Diseñar un programa que permita gestionar las notas de los alumnos, para lo cual se debe iniciar con lo siguiente:

a. **Módulo de validación.** Se dispone de un archivo que contiene tres usuarios autorizados al ingreso al sistema. Sus datos son identificados por user y clave.

b. **Sistema de mantenimiento de alumnos.** Se dispone de un archivo, Alum.txt, que almacena los registros de los alumnos por código, nombre, apellidos y tres prácticas. El campo promedio no debe leerse, ya que, durante el almacenamiento de los datos del registro, se calcula automáticamente su promedio.

Solución:

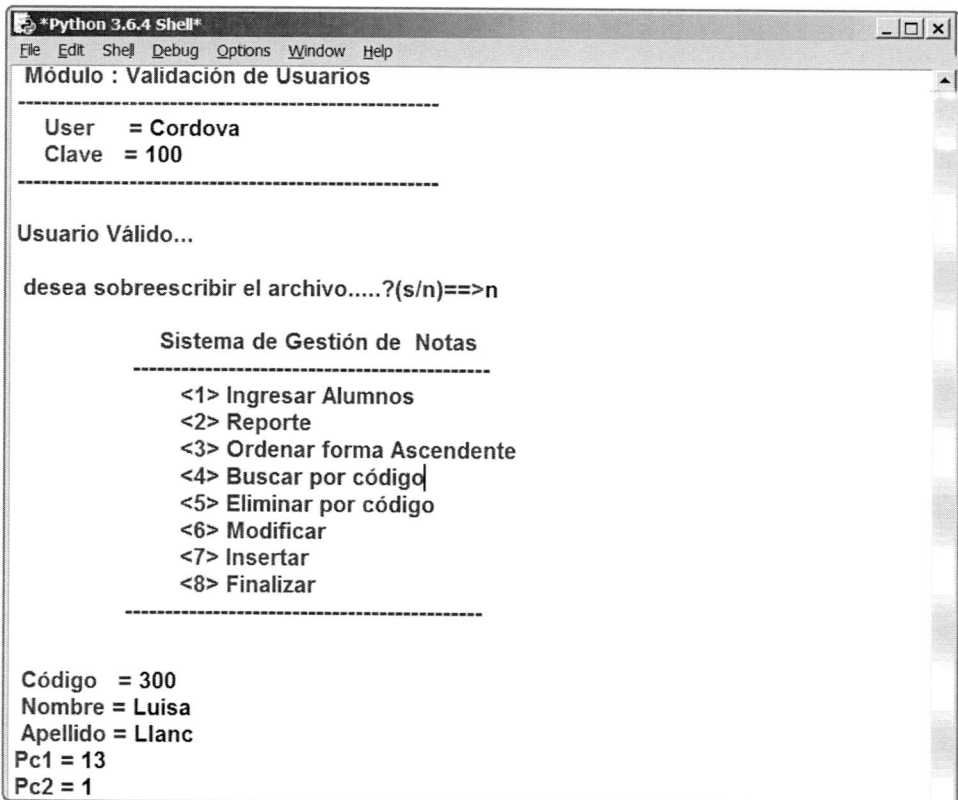

```
Pc3 = 1
Desea continuar...? (s/n)==>n

Ingrese opción = 2
```

Cod	Nom	Apell	PC1	PC2	PC3	Prom
100	María	Salas	12	13	12	12.5
200	Pedro	Cortés	12	2	1	7.0
100	María	Salas	12	11	13	12.5
200	Pedro	Solís	11	13	11	12.0
300	Luisa	Llanc	13	1	1	7.0

```
Ln: 60  Col: 0
```

Arch_tablas1.py - F:/Cap_XI_Archivos/Arch_tablas1.py (3.6.4)

File Edit Format Run Options Window Help

```python
def reportes():
    arc=open("Alum","r")
    for line in arc.readlines():
        print(line)
    arc.close()
def returnuser(i):
    arc=open("user.txt","r")
    lista=arc.readlines()
    a=lista[i].split()
    return str(a[0])
def returnclv(i):
    arc=open("user.txt","r")
    lista=arc.readlines()
    a=lista[i].split()
    return int(a[1])
def returncod(i):
    arc=open("Alum","r")
    lista=arc.readlines()
    a=lista[i].split()
    return int(a[0])
def existe(cod):
    arc=open("Alum","r")
    lista=arc.readlines()
    n=len(lista)
    e=0
    while e==0:
        for i in range(1,n):
            if cod==returncod(i):
                e=1
                break
        if e==0:
            print("El cod ingresado no existe, intente de nuevo")
            cod=int(input("Ingrese el cod a eliminar : "))
    return cod
while True:
    print(' Módulo : Validación de Usuarios')
    print('-----------------------------------------------')
    user=input("    User    = ")
```

```python
clv=int(input("   Clave = "))
print('----------------------------------------------------')
print("")
list1=[0]*3
list2=[0]*3
n1=len(list1)
for i in range(n1):
    list1[i]=returnuser(i)
for i in range(n1):
    list2[i]=returnclv(i)
for i in range(n1):
    if list1[i]==user:
        posc=i
        if list2[posc]==clv:
            print("Usuario Válido...")
            print("")
            nuevo=str(input(" desea sobreescribir el archivo.....?(s/n)==>"))
            if nuevo=="s":
                arc=open("Alum","w")
                arc.write("\tCod\tNom\tApell\tPC1\tPC2\tPC3\tProm\n")
                arc.close()
            menu="""
                Sistema de Gestión de  Notas
            -------------------------------------------------|

                    <1> Ingresar Alumnos
                    <2> Reporte
                    <3> Ordenar forma Ascendente
                    <4> Buscar por código
                    <5> Eliminar por código
                    <6> Modificar
                    <7> Insertar
                    <8> Finalizar

            -------------------------------------------------
            """

            f=[0]*7
            opc=0
            print(menu)
            while opc!=9:
                print("")
                opc=int(input(" Ingrese opción = "))
                print("")
                while opc<1 or opc>9:
                    print("Opción no válida, intente de nuevo")
                    opc=int(input("\nIngrese opción = "))
                if opc==1:
                    arc=open("Alum","a")
                    seguir="s"
                    while seguir=="s":
                        f[0]=int(input(" Código   = "))
                        f[1]=str(input(" Nombre = "))
                        f[2]=str(input(" Apellido = "))
                        f[3]=int(input("Pc1 = "))
                        f[4]=int(input("Pc2 = "))
                        f[5]=int(input("Pc3 = "))
                        if(f[3]<f[4] and f[3]<f[5]):
                            minimo=f[3]
                        else:
                            if(f[4]<f[3] and f[4]<f[5]):
```

```
                minimo=f[4]
            else:
                minimo=f[5]
        f[6]=float((f[3]+f[4]+f[5]-minimo)/2)
        for i in range(7):
            arc.write("\t"+str(f[i]))
        arc.write("\n")
        seguir=str(input(" Desea continuar...? (s/n)==>"))
    arc.close()
elif opc==2:
    reportes()
elif opc==3:
    arc=open("Alum","r")
    lista=arc.readlines()
    n=len(lista)
    for i in range(1,n):
        for j in range(i+1,n):
            if returncod(i)>returncod(j):
                aux=lista[i]
                lista[i]=lista[j]
                lista[j]=aux
    arc.close()
    arc=open("Alum","w")
    arc.write("\tCod\tNom\tApell\tPC1\tPC2\tPC3\tProm\n")
    for i in range(1,n):
        arc.write(lista[i])
    arc.close()
    reportes()
elif opc==4:
    arc=open("Alum","r")
    lista=arc.readlines()
    n=len(lista)
    print("\tCod\tNom\tApell\tPC1\tPC2\tPC3\tProm\n")
    cod=int(input("Ingrese el cod a buscar"))
    cod=existe(cod)
    for i in range(1,n):
        if returncod(i)==cod:
            print(lista[i])
    arc.close()
elif opc==5:
    seguir='s'
    while seguir=='s':
        arc=open("Alum","r")
        lista=arc.readlines()
        n=len(lista)
        cod=int(input(" Código = "))
        cod=existe(cod)
        for i in range(1,n):
            if returncod(i)==cod:
                del lista[i]
        arc.close()
        arc=open("Alum","w")
        arc.write("\tCod\tNom\tApell\tPC1\tPC2\tPC3\tProm\n")
        for i in range(1,n-1):
            arc.write(lista[i])
        arc.close()
        seguir==str(input(" Desea continuar eliminando...? (s/n)
elif opc==6:
    arc=open("Alum","r")
    lista=arc.readlines()
    n=len(lista)
```

```python
            seguir="s"
            while seguir=="s":
                cod=int(input(" Ingrese código a modificar"))
                cod=existe(cod)
                print("\tCod\tNom\tApell\tPC1\tPC2\tPC3\tProm\n")
                for i in range(1,n):
                    if returncod(i)==cod:
                        print(lista[i])
                        break
                f[0]=int(input("I  Código  = "))
                f[1]=str(input("  Nombre = "))
                f[2]=str(input("  Apellido = "))
                f[3]=int(input("  Pc1 = "))
                f[4]=int(input("  Pc2 = "))
                f[5]=int(input("  Pc3 = "))
                if(f[3]<f[4] and f[3]<f[5]):
                    minimo=f[3]
                else:
                    if(f[4]<f[3] and f[4]<f[5]):
                        minimo=f[4]
                    else:
                        minimo=f[5]
                f[6]=float((f[3]+f[4]+f[5]-minimo)/2)
                lista[i]=""
                for j in range(7):
                    lista[i]=lista[i]+"\t" + str(f[j])
                lista[i]=lista[i]+"\n"
                seguir=str(input(" Desea continuar...?(s/n)==>"))
            arc.close()
            arc=open("Alum","w")
            arc.write("\tCod\tNom\tApell\tPC1\tPC2\tPC3\tProm\n")
            for i in range(1,n):
                arc.write(lista[i])
            arc.close()
            reportes()
        elif opc==7:
            arc=open("Alum","r")
            lista=arc.readlines()
            n=len(lista)
            arc.close()
            pos=int(input(" Ingrese la posición a insertar el dato"))
            f[0]=int(input(" Código  = "))
            f[1]=str(input(" Nombre = "))
            f[2]=str(input(" Apellido = "))
            f[3]=int(input("Pc1 = "))
            f[4]=int(input("Pc2 = "))
            f[5]=int(input("Pc3 = "))
            if(f[3]<f[4] and f[3]<f[5]):
                minimo=f[3]
            else:
                if(f[4]<f[3] and f[4]<f[5]):
                    minimo=f[4]
                else:
                    minimo=f[5]
            f[6]=float((f[3]+f[4]+f[5]-minimo)/2)
```

```
            insertar=""
            for j in range(7):
                insertar=insertar+"\t" + str(f[j])
            insertar=insertar+"\n"
            arc.close()
            arc=open("Alum","w")
            arc.write("\tCod\tNom\tApell\tPC1\tPC2\tPC3\tProm\n")
            for i in range(1,n):
                if pos==i:
                    arc.write(insertar)
                arc.write(lista[i])
            arc.close()
            reportes()
        elif opc==8:
            print("FINALIZANDO PROGRAMA")
            break
        else:
            print(" Usuario y/o contraseña Incorrecta.......")
    print(" Usuario Incorrecto, volver a ingresar")
```

```
Ln: 229  Col: 0
```

2.9. Archivos binarios

En la siguiente figura, se ilustra la transformación de un archivo de texto a un archivo binario.

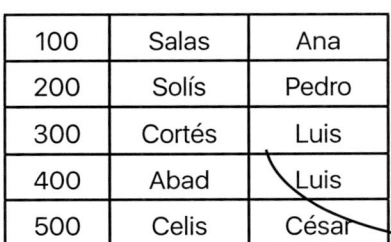

100	Salas	Ana
200	Solís	Pedro
300	Cortés	Luis
400	Abad	Luis
500	Celis	César

Archivo de texto

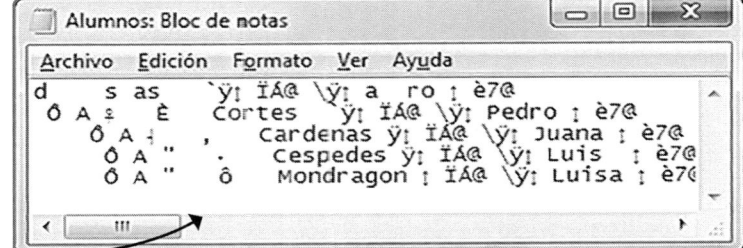

Archivo binario

Permiten almacenar datos en el archivo, de forma binaria, usando el método pickle.

En este tipo de archivos, se realizan los sistemas de mantenimiento, según las opciones mostradas en las siguientes figuras.

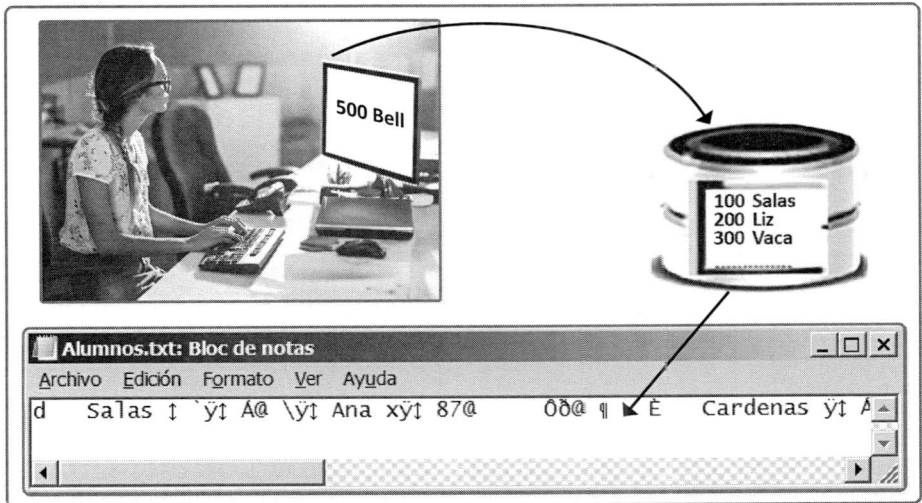

Si una persona observa el contenido de un archivo binario y este no es legible, entonces se usan formatos estándares para convertir y entender el contenido.

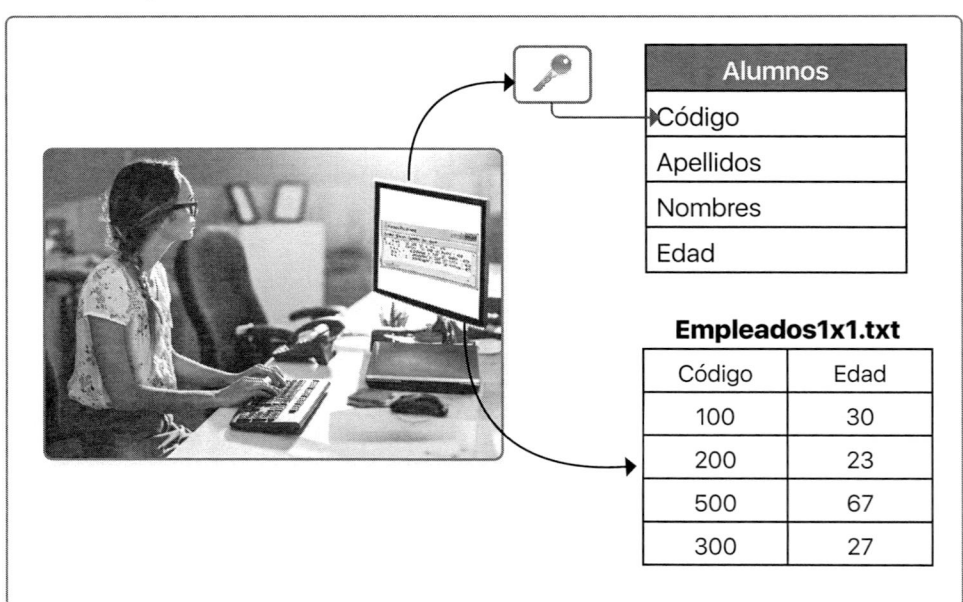

Alumnos
Código
Apellidos
Nombres
Edad

Empleados1x1.txt

Código	Edad
100	30
200	23
500	67
300	27

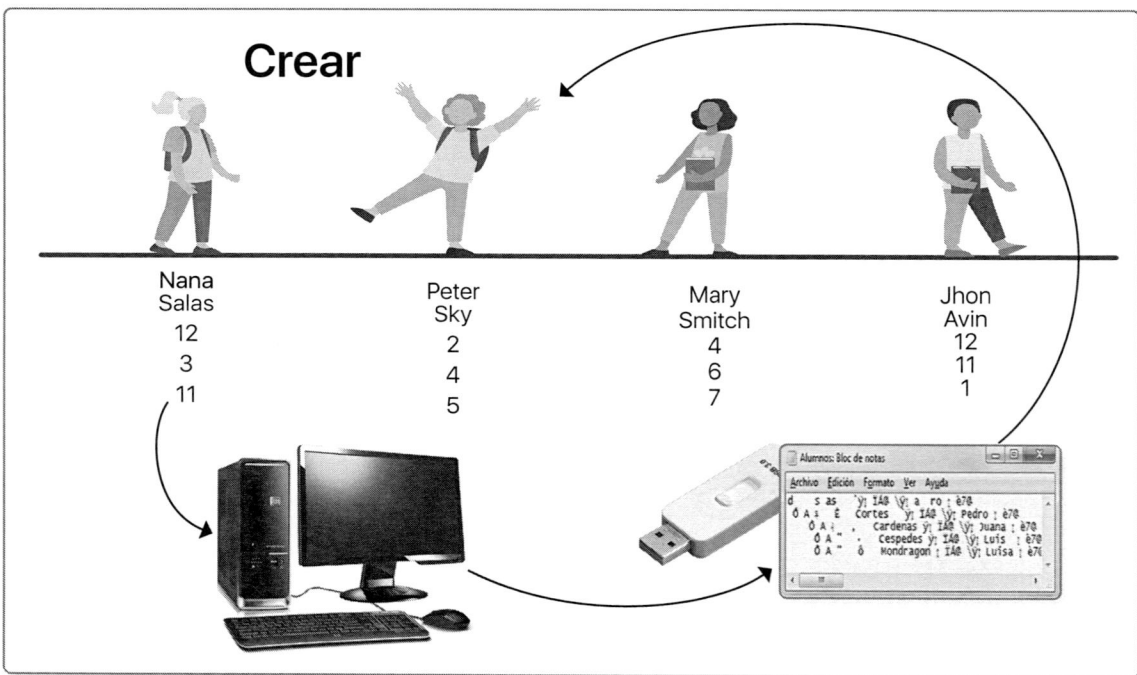

A continuación, se explicarán los procedimientos conceptuales para crear un archivo binario. Cuando se realizan instrucciones en formato Python y en consola, el contenido del archivo Alumnos.txt, expresado en forma binaria (el lector no entiende esta información) se visualiza como se introdujo desde el teclado.

Serialización de archivos: acceso aleatorio.

a. **Serialización.** Consiste en convertir un objeto de Python, usualmente una lista o un diccionario, en un string/cadena.

b. **Deserialización.** Consiste en convertir un string/cadena en un objeto de Python, usualmente una lista o un diccionario.

2.10. Método Pickle()

Proceso mediante el cual una jerarquía de objetos (lista, diccionario, etc.) de Python se convierte en un flujo de bytes.

Permite proveer dos métodos para serializar o deserializar archivos externos.

Operaciones:

a. **dump.** La función dump graba una representación pickle.

pickle.dump(lista, archivo)

b. **load.** Para leer el archivo.

pickle.load(archivo)

c. **unpicklear.** Para obtener el archivo (objeto) original de Python.

Conclusión:

a. **Lista = [' Notas = ','ana','12',12,11,13,2,3]**

b. Crear archivo binario.

archivo = open('Evaluacion.txt', 'wb')

c. Grabar.

pickle.dump(lista, archivo)

d. Abrir archivo para leer.

archivo = open('Evaluacion.txt', 'rb')

e. Cargar lista desde el archivo.

lista = pickle.load(archivo)

f. Iterar sobre la lista.

g. Grabar: método dump().

Sintaxis:

codigos=[100, 200, 300, 400] ⟶ **Información**
arch=open("notas.txt","wb") ⟶ **Crear archivo**
pickle.dump(codigos, arch) ⟶ **Grabar datos en archivo**

Ejemplo:

Diseñar un programa que permita crear un archivo binario Alumno.txt que guarde datos definidos en la siguiente estructura:

dicci = {[100:["Ana","Salas",20,67.4],200:["Pedro","Solis",30,33.8]}

138

Python desde el laboratorio - Registros, archivos y programación dinámica
TEODORO CÓRDOVA NERI, MSc Y DRA. SARA ARANA TORRES

A continuación, se puede observar la vista de cómo quedará el archivo.

Solución:

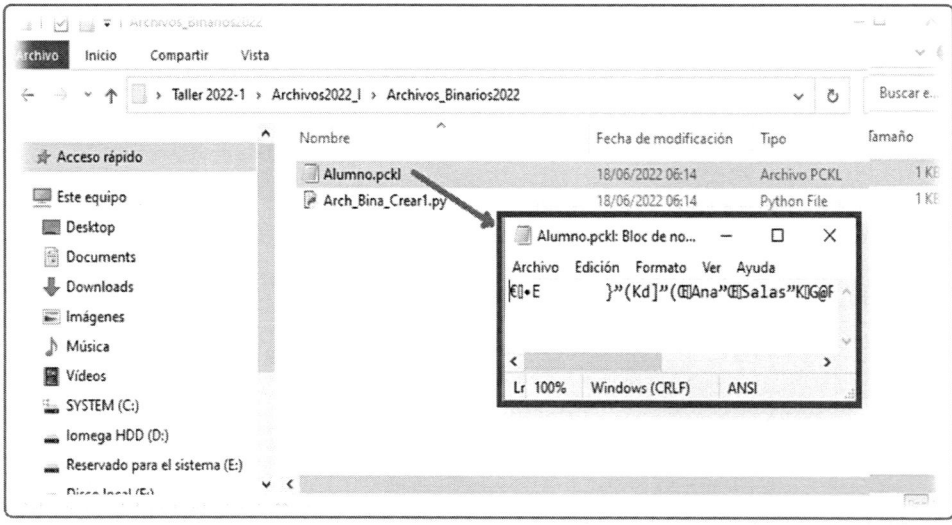

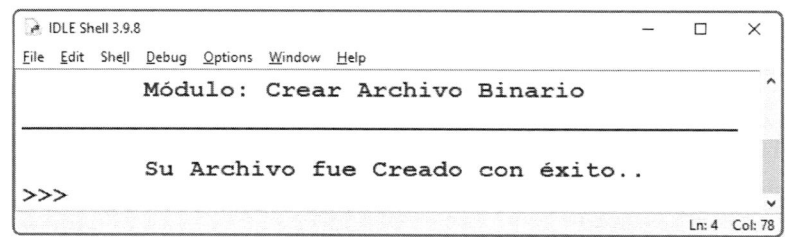

```python
import pickle
def Binanar():
    # Pdefino un diccionario
    dicci = {100:["Ana","Salas",20,67.4],200:["Pedro","Solís",30,33.8]}

    # Escritura  modo binario
    arch = open('Alumno.pckl','wb')

    # Escribe la colección en el fichero
    pickle.dump(dicci, arch)

    print("\n\tSu Archivo fue Creado con éxito..")
    arch.close()
    return
print("-"*40)
print("\n\tMódulo: Archivo Binario 2022")
print("-"*40)
Binanar()
```

Sintaxis:

a. **arch=open("notass.txt","rb")**

b. **dados = pickle.load(arch)**

c. **print (" Reporte = ", datos)**

Ver la secuencia: se tiene un archivo binario y, luego, se ve como un archivo de texto.

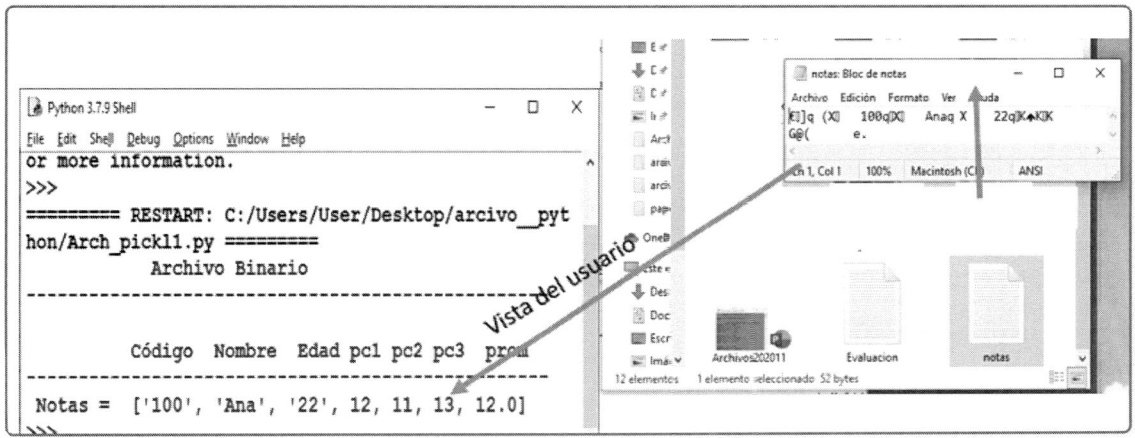

Ejemplo:

Diseñar un programa para leer los datos del archivo binario.

Solución:

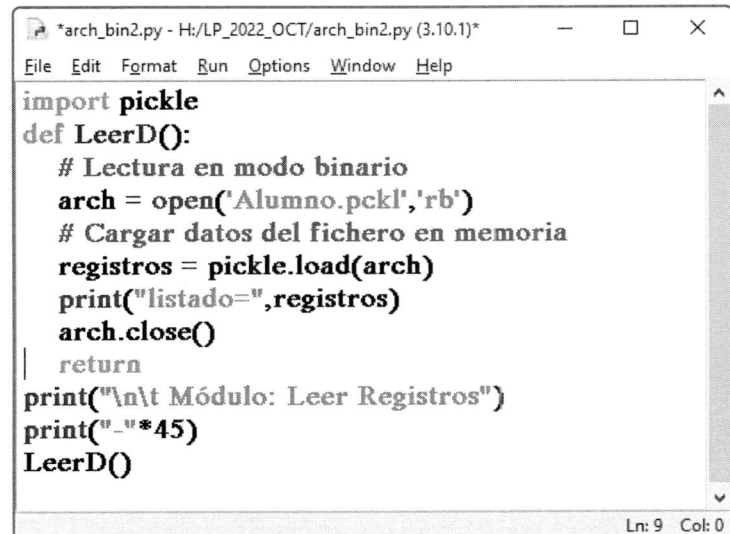

```python
import pickle
def LeerD():
    # Lectura en modo binario
    arch = open('Alumno.pckl','rb')
    # Cargar datos del fichero en memoria
    registros = pickle.load(arch)
    print("listado=",registros)
    arch.close()
    return
print("\n\t Módulo: Leer Registros")
print("-"*45)
LeerD()
```

Ejemplo:

Diseñar un programa que permita almacenar los datos de una lista en el archivo Evaluación.txt.

Solución:

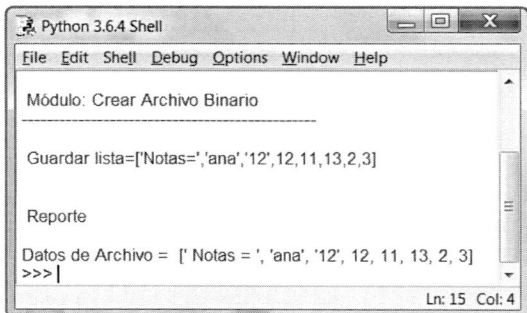

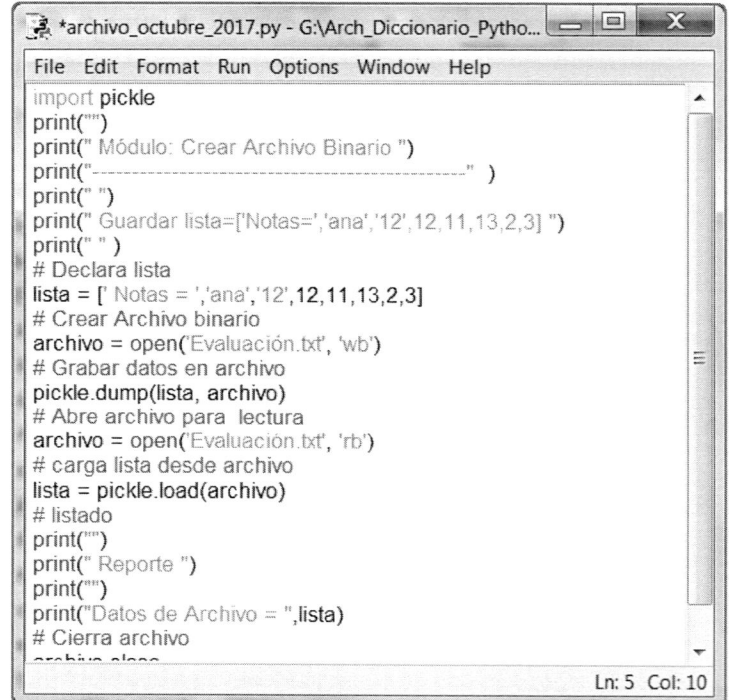

```python
import pickle
print("")
print(" Módulo: Crear Archivo Binario ")
print("-----------------------------------------------" )
print(" ")
print(" Guardar lista=['Notas=','ana','12',12,11,13,2,3] ")
print(" " )
# Declara lista
lista = [' Notas = ','ana','12',12,11,13,2,3]
# Crear Archivo binario
archivo = open('Evaluación.txt', 'wb')
# Grabar datos en archivo
pickle.dump(lista, archivo)
# Abre archivo para  lectura
archivo = open('Evaluación.txt', 'rb')
# carga lista desde archivo
lista = pickle.load(archivo)
# listado
print("")
print(" Reporte ")
print("")
print("Datos de Archivo = ",lista)
# Cierra archivo
archivo.close
```

Ejemplo:

Diseñar un programa para procesar las opciones según la figura.

Solución:

```
        Menú Principal
    -------------------------
    < 1 > Verificar sus Datos
    < 2 > Añadir Datos
    < 3 > Registrar y Finalizar
    < 4 > Reporte

    < 5 > Salir

    -------------------------
```

```
        Ingrese opción = 1
        Ingrese su apellido correspondiente al código    "100" = Salas
        Sr. su dato es Incorrecto, ud es = "Córdova"

        Ingrese su apellido correspondiente al código    "200" = Solis
        Sr. su dato es Incorrecto, ud es = "Matta"

        Ingrese su apellido correspondiente al código    "300" = Cortes
        Sr. su dato es Incorrecto, ud es = "Neri"

        Ingrese su apellido correspondiente al código    "400" = Cespedes
        Sr. su dato es Incorrecto, ud es = "Tapia"

        Ingrese su apellido correspondiente al código    "800" = Solis
        Sr. su dato es Incorrecto, ud es = "Salas"

        Ingrese su apellido correspondiente al código    "500" = Espejo
```
Ln: 30 Col: 0

IDLE Shell 3.9.8

File Edit Shell Debug Options Window Help

```
        --------------------------

        Ingrese opción = 4

   Nombres   práctica


 Reporte =   {'100': 'Córdova', '200': 'Matta', '300': 'Neri', '400': 'Tapia', '800': 'Salas', '500': '
Abel'}
```
Ln: 134 Col: 0

Arch_menu_Archivos.py - C:\Users\User\Desktop\Arch-Textt\Arch_Aleatorio\archh2021\archh2021\Arch_menu_Archivos.py (3.9.4)

File Edit Format Run Options Window Help

```python
        import pickle
        arch=open("Archivo11.txt","rb")
        datos = pickle.load(arch)
        print()
        print(" Reporte = ", datos)

        print("_" * 30)
        archivo11.close()


def cargar():
    try:
        with open("Archivo11.txt","rb") as Arch:
            return pickle.load(Arch)
    except (OSError, IOError) as e:
        return dict()

def guardar(dic):
    with open("Archivo11.txt", "wb") as Arch:
        pickle.dump(dic, Arch)


def menup():
    dic = cargar()
    menu ='''

def menup():
    dic = cargar()
    menu ='''
    MÓDULO DE AYUDA
    --------------------------
```

```
      Menú Principal
--------------------------
< 1 > Verificar sus Datos
< 2 > Añadir Datos
< 3 > Registrar y Finalizar
< 4 > Reporte

< 5 > Salir

--------------------------
'''
while True:
    print(menu)
    opc = int(input(" \n\tIngrese opción = "))
    if opc == 1:
        verificar(dic)
        menup()
    elif opc == 2:
        agregar(dic)
        menup()
    elif opc == 3:

    opc = int(input(" \n\tIngrese opción = "))
    if opc == 1:
        verificar(dic)
        menup()
    elif opc == 2:
        agregar(dic)
        menup()
    elif opc == 3:
        print("\tRegistros Almacenados en < Archivo11.txt >")
        guardar(dic)
        menup()
        break
    elif opc==4:
        reporte()
        menup()

    elif opc==5:
        salir()

    else:
        print('Opción inválida, inténtelo de nuevo.')
if __name__ == '__main__':
    menup()
```

```
*IDLE Shell 3.9.8*                                    —    □    ×
File  Edit  Shell  Debug  Options  Window  Help

              SISTEMA DE GESTIÓN ACADÉMICA
-----------------------------------------------------------

              MENÚ PRINCIPAL
     ------------------------------------------
            <1> Crear archivo
            <2> Generar reporte
            <3> Salir

Opción a ejecutar: |
                                                  Ln: 5   Col: 0
```

```
*IDLE Shell 3.9.8*                                      —   □   ×
File  Edit  Shell  Debug  Options  Window  Help

Opción a ejecutar: 1
.
        Módulo: Crear archivos
-------------------------------
 Ingrese nombre de Archivo = Al_fiis

        Su archivo fue creado...
--------------------
        total de alumnos = 3

Alumno [ 1 ] =
        Código    = 100
        Apellido = Solis

Alumno [ 2 ] =
        Código    = 200
        Apellido = Cortes

Alumno [ 3 ] =
        Código    = 300
        Apellido = Calzas

                  MENÚ PRINCIPAL

                                          Ln: 31  Col: 0
```

```
*IDLE Shell 3.9.8*                                      —   □   ×
File  Edit  Shell  Debug  Options  Window  Help
        Error, intente otra vez

Opción a ejecutar: 2


        REPORTE DE ALUMNOS
--------------------

Nro.  Código   Apellido
-----------------------------------
1 .    100      Solís
2 .    200      Cortés
3 .    300      Calzas

                  MENÚ PRINCIPAL
        -----------------------------------
                <1> Crear archivo
                <2> Generar reporte
                <3> Salir

Opción a ejecutar:
                                          Ln: 79  Col: 22
```

```python
import pickle
def crear():
    global n,nombarch,dicc
    print(".\n\tMódulo: Crear archivos")
    print("-"*30)
    nombarch=input(" Ingrese nombre de Archivo = ")
    arch=open(nombarch,"ab+")
    print("\n\t Su archivo fue creado...")
    print("-"*20)
    while True:
        n=input("\ttotal de alumnos = ")
        if n.isdigit():
            n=int(n)
            if n>0:
                break
            else:
                print()
                print("Error, volver a leer ")
        else:
            print()
            print("Error, volver a leer")
    dicc={}
    for i in range(n):
        print()
        print("Alumno [",i+1,"] = ")
        while True:
            codigo=input("\tCódigo    = ")
            if codigo.isdigit():
                break
            else:
                print()
                print("Error, intente otra vez")
        while True:
            apell=input("\tApellido = ")
            if apell.isalpha():
                break
            else:
                print()
                print("Error, volver a leer ")
        dicc[codigo]=apell
    pickle.dump(dicc,arch)
    return dicc
def reporte():
    print()
    print("\n\tREPORTE DE ALUMNOS")
    print("-"*20)
    print(" ")
    with open(nombarch,"rb") as arch:
        lista2=pickle.load(arch)
        print("Nro.  Código    Apellido")
        print("-"*35)
        i=0
        for j in lista2.keys():
            i+=1
            print(i,".    ",j,"      ",dicc[j])
    return lista2
def menu():
```

```
        print("\n\t\t    MENÚ PRINCIPAL")
        print("\t","-"*35)
        print("\t\t<1> Crear archivo")
        print("\t\t<2> Generar reporte")
        print("\t\t<3> Salir")
        resp="S"
        while resp=="S":
            while True:
                opc=input("\nOpción a ejecutar: ")
                if opc.isdigit():
                    opc=int(opc)
                    if opc>0 and opc<4:
                        break
                    else:
                        print("\tError, intente otra vez")
                else:
                    print("\tError, intente otra vez")
            if opc==1:
                crear();     menu()
            elif opc==2:
                reporte();  menu()
            else:
                print(" hasta luego..")
                exit()

print("\t\tSISTEMA DE GESTIÓN ACADÉMICA")
print("-"*50)
menu()
```
Ln: 61   Col: 35

Ejemplo:

Diseñar un programa usando los datos de las tablas que se muestran a continuación y realizar los siguientes procedimientos:

a. Crear un archivo para guardar los datos de los clientes.

b. Crear un archivo para guardar los datos de los productos.

c. Mostrar los datos de los clientes.

d. Mostrar los datos de los productos.

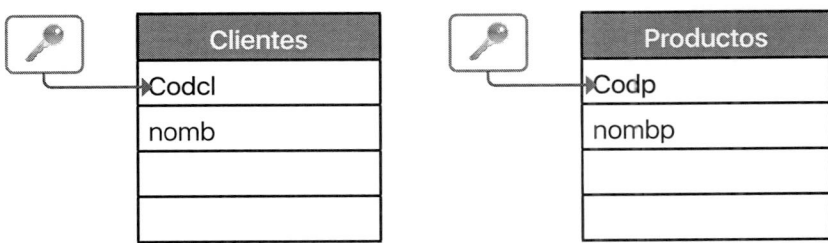

Las figuras representan cómo debe ser el diseño para el tratamiento de los registros. Más adelante se trabajará a nivel de la base de datos.

Solución:

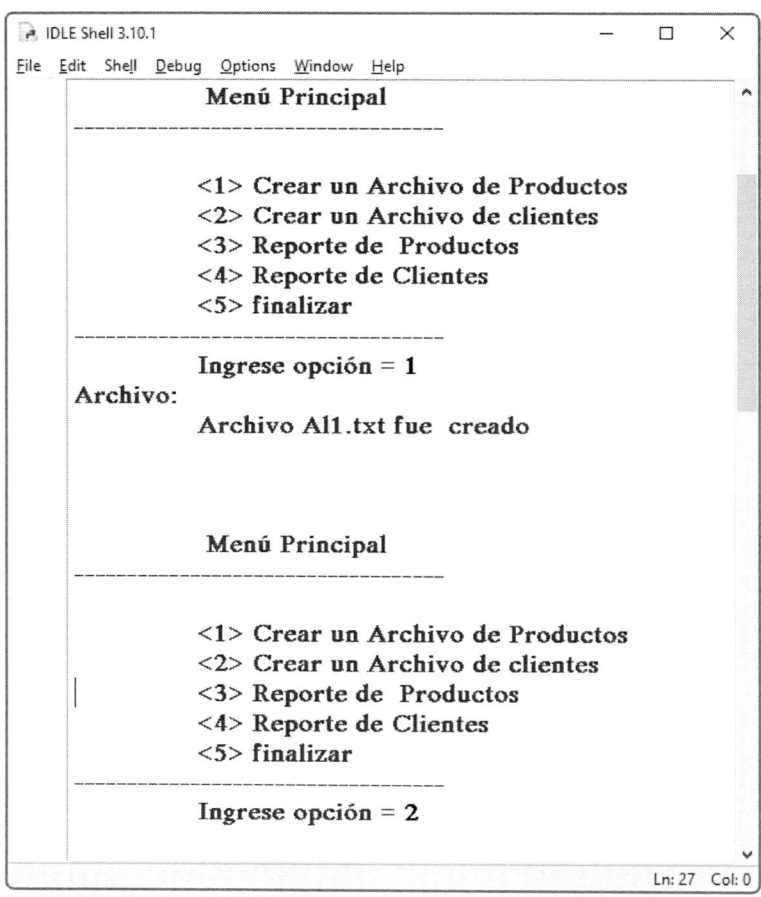

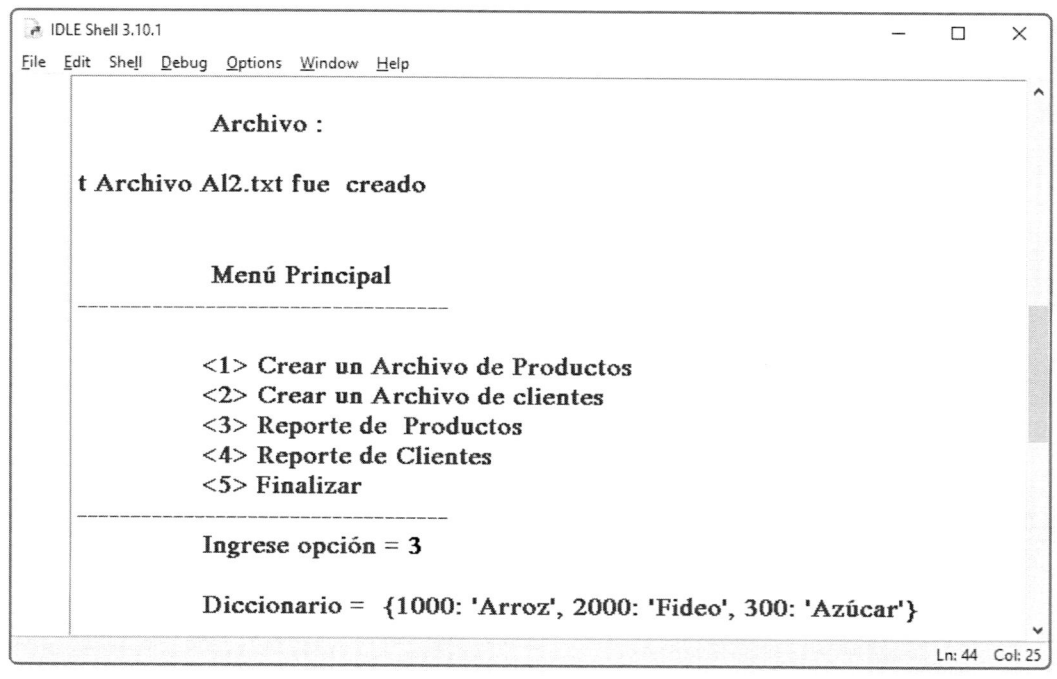

```
*arcv-bnnnn.py - H:/LP_2022_OCT/arcv-bnnnn.py (3.10.1)*        —  □  ×
File  Edit  Format  Run  Options  Window  Help
import pickle
def crerA_lista():
    codigos=[ 100,'Ana'] ,[200,'Solís'], [300,'Pedro'],[400,'María']
    arch1=open("Am.txt","wb")
    pickle.dump(codigos, arch1)
    print("Archivo: ")
    arch1.close()
    return
def crea_arch_DDicc():
    codigosd={1000:'Arroz',2000:'Fideo',300:'Azúcar'}
    arch2=open("A22.txt","wb+")
    pickle.dump(codigosd,arch2)
    print("\n\t  Archivo :")
    arch2.close()
    return
def  leerd():
    arch1=open("A22.txt", "rb")
    dicc = pickle.load(arch1)
    print(" \n\t Diccionario = ", dicc)
    return dicc
def  leerl():
    archL=open("\n\t Am.txt", "rb")
    lista = pickle.load(archL)
    print(" Lista = ", lista)
    archL.close()
    return lista
def menu():
                                                       Ln: 7  Col: 0
```

```
*arcv-bnnnn.py - H:\LP_2022_OCT\arcv-bnnnn.py (3.10.1)*       —  □  ×
File  Edit  Format  Run  Options  Window  Help
    print("\n\t  Menu Principal")
    print("-"*35)
    print("\n\t <1> Crear un Archivo de Productos")
    print("\t <2> Crear un Archivo de clientes")
    print("\t <3> Reporte de  Productos ")
    print("\t <4> Reporte de Clientes")
    print("\t <5> Finalizar")
    print("-"*35)
    opc=int(input(" \t Ingrese opción = "))
    if opc==1:
        crerA_lista()
        print(" \t Archivo Al1.txt fue  creado ")
        print()
        menu()
    elif opc==2:
        crea_arch_DDicc()
        print()
        print("t Archivo Al2.txt fue  creado ")
        menu()
    elif opc==3:
        leerd(); menu()
    elif opc==4:
        leerl();  menu()
    else :
        print( " Fuera de rango:")
        exit()
if __name__ == "__main__":
    menu()
                                                       Ln: 44  Col: 0
```

Ejemplo:

Para la siguiente tabla, crear un programa para almacenar n alumnos por código y apellidos.

En la siguiente gráfica, se definen las opciones.

Solución:

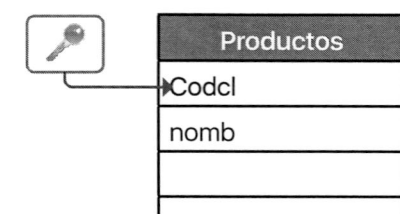

Productos
▶Codcl
nomb

```
Menú Principal
----------------------------------
       <1> Crear un Archivo de Alumnos
       <2> Listado de Alumnos
       <3> Finalizar
----------------------------------
 Ingrese opción = 1
Total de registros = 2
 Código =100
Apellido=Salas

 Código =200
Apellido=Solis



       Archivo creado con éxito..
       Presione una tecla ...
```

```
----------------------------------
 Ingrese opción = 2

       Módulo Deserialización: pickle
--------------------------------------------
----

 Listado =  {100: 'Salas', 200: 'Solís'}
----------------------------
```

```python
import pickle
alumno={}
def crearD():
    n=int(input("Total de registros = "))
    for i in range(n):
        codigo=int(input(" Código ="))
        apellido=input("Apellido=")
        print("")
        alumno[codigo]= apellido

    arch=open("dicc.dat","wb")
    pickle.dump(alumno,arch)
    arch.close()
    print("\n\t Archivo creado con éxito..")
```

```
        input("\t Presione una tecla ...")
        return
def reportes():
    print("\n\t Módulo Deserialización: pickle ")
    print("-" *50)
    arch=open("dicc.dat","rb")
    datos=pickle.load(arch)
    print()
    print(" Listado = ", datos)
    arch.close()
    print("-"*30)
    return
def menu():
    print("\n\t Menú Principal")
    print("-"*35)
    print("\t<1> Crear un Archivo de Alumnos")
    print("\t<2> Listado de Alumnos")
    print("\t<3> Finalizar")
    print("-"*35)
    opc=int(input(" Ingrese opción = "))
    if opc==1:
        crearD()
        menu()
    elif opc==2:
        reportes()
        menu()
    elif opc==3:
        print("Hasta luego..")
        input(" Presione una tecla para continuar")
        exit()
    else :
        print( " Fuera de rango:")
        exit()
if __name__ == "__main__":
    menu();  crearD();   reportes
```

Ln: 43   Col: 0

2.11. Eliminar registros

En la siguiente gráfica, se dan los procedimientos para eliminar un registro.

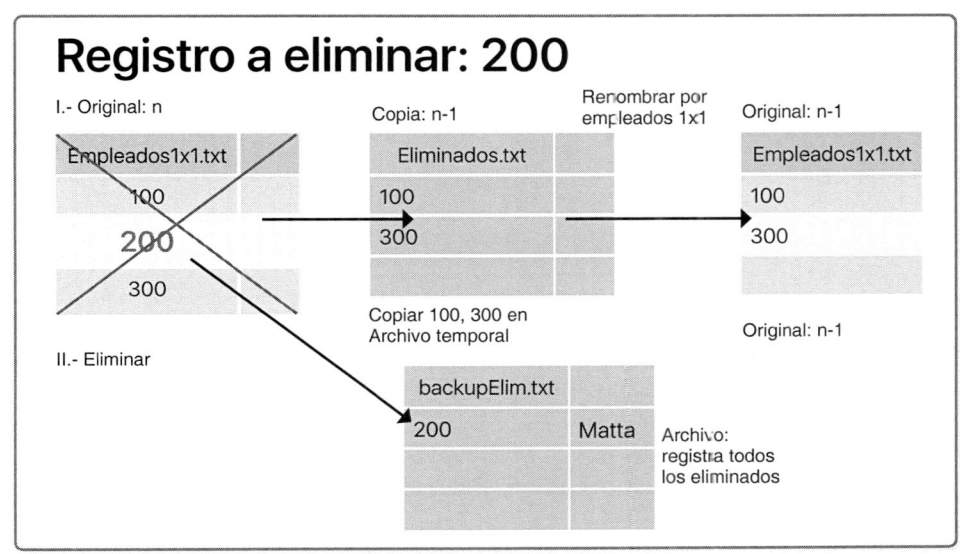

Registro a eliminar: 200

I.- Original: n

Empleados1x1.txt

100

200

300

II.- Eliminar

Copia: n-1

Eliminados.txt

100

300

Copiar 100, 300 en
Archivo temporal

Renombrar por
empleados 1x1

Original: n-1

Empleados1x1.txt

100

300

backupElim.txt

200   Matta

Original: n-1

Archivo:
registra todos
los eliminados

```
Python 3.10.0 (tags/v3.10.0:b494f59, Oct  4 2021, 19:00:18) [MSC v.1929 64 bit (
AMD64)] on win32
Type "help", "copyright", "credits" or "license()" for more information.

         Módulo Serialización: pickle
--------------------------------------------------
 Datos= {100: 'Salas', 200: 'Solís', 300: 'Pérez'}

Ingrese código a borrar =100

        Archivo eliminado.....
--------------------------------------------------

 Reporte =  {200: 'Solís', 300: 'Pérez'}
--------------------------------------------------
```

```
Kill?                                    ✕

   (?)    Your program is still running!
          Do you want to kill it?

           Aceptar        Cancelar
```

```
*arch_bin_elimi.py - C:/Users/User/Desktop/lp_2022_1_ulio/arch_bin_elimi.py ...   —   ☐   ✕
File  Edit  Format  Run  Options  Window  Help

import pickle
def delete():
    print("\n\t Módulo Serialización: pickle ")
    arch=open("dicc.dat","rb")
    datos=pickle.load(arch)
    print(" Datos=",datos)
    x=int(input("Ingrese código a borrar ="))
    for i in datos:
        if x==i:
            del datos[x]
            print("\n\tArchivo eliminado.....")
            arch=open("Borre.dat","wb")
            pickle.dump(datos,arch)
            arch.close()
            print("-" *50)
            arch=open("borre.dat","rb")
            datos=pickle.load(arch)
            print(" Reporte = ", datos)
            print("-" *50)
            arch.close();    exit()
            return
        else:
            print("código no encontrado...")
        print("-" *50)
        arch=open("borre.dat","rb")
        datos=pickle.load(arch)
        print(" Registros = ", datos)
        arch.close();       exit()
        return()
```

Ejemplo:

Diseñar un programa para procesar un sistema de mantenimiento de una tienda comercial. Se consideran los siguientes procedimientos para el personal de atención:

a. Para el ingreso al negocio, se debe validar por código = 100.

b. Si es correcto, dentro del negocio se debe encender la aplicación informática y, por lo tanto, se debe validar el usuario = 01.

Si las partes a y b son correctas, se presenta el menú de opciones para los casos en los que corresponda x.

Se observa que el personal se valida, primero, en la puerta de ingreso y, luego, en la oficina, se valida como usuario del sistema informático.

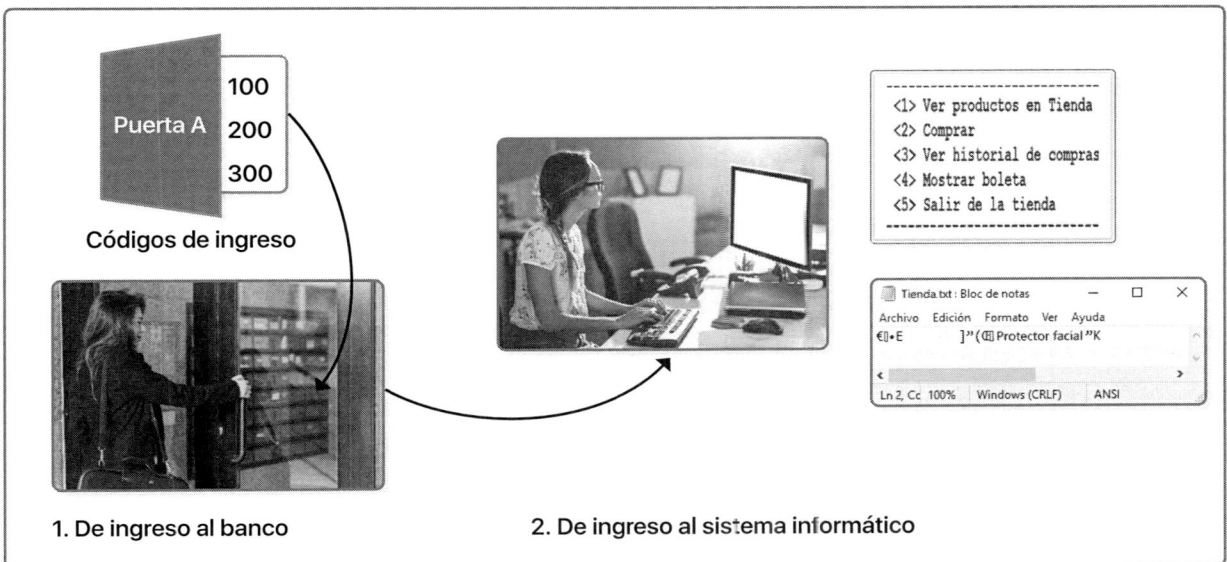

1. De ingreso al banco   2. De ingreso al sistema informático

Diseño de las opciones

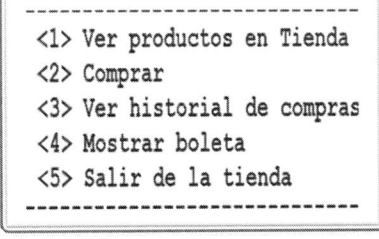

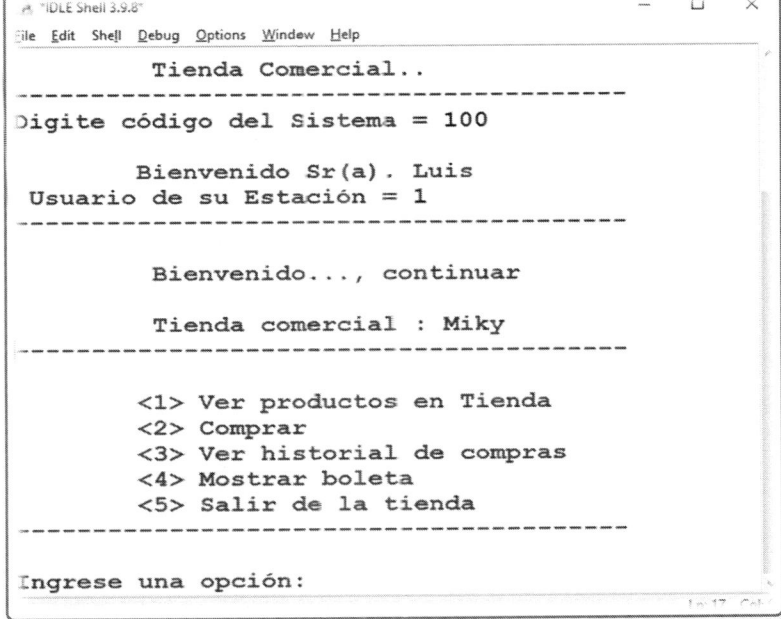

```
*IDLE Shell 3.9.8*                                                     —   □   ×
File  Edit  Shell  Debug  Options  Window  Help

Ingrese una opción: 1
-----------------------------------------
          Productos en Tienda

     Producto        Mascarillas      Protector facial    Jabones Alcohol Guantes
     Código          001              002                 003             004        005
     Precio          S/2.00           S/6.00              S/3.00          S/7.00     S/2.50
-----------------------------------------

          Tienda comercial : Miky
-----------------------------------------

     <1> Ver productos en Tienda
     <2> Comprar
     <3> Ver historial de compras
     <4> Mostrar boleta
     <5> Salir de la tienda
-----------------------------------------

Ingrese una opción:
                                                                          Ln: 30  Col: 62
```

Ventas

```
*IDLE Shell 3.9.8*                                                     —   □   ×
File  Edit  Shell  Debug  Options  Window  Help
     <4> Mostrar boleta
     <5> Salir de la tienda
-----------------------------------------

Ingrese una opción: 2
-----------------------------------------
          Productos en Tienda

     Producto        Mascarillas      Protector facial    Jabones Alcohol Guantes
     Código          001              002                 003             004
     005
     Precio          S/2.00           S/6.00              S/3.00          S/7.00
     S/2.50
-----------------------------------------

Digite el código del producto: 002
Digite la cantidad que desea: 10

          Tienda comercial : Miky
-----------------------------------------

     <1> Ver productos en Tienda
     <2> Comprar
     <3> Ver historial de compras
     <4> Mostrar boleta
     <5> Salir de la tienda
-----------------------------------------

Ingrese una opción:
                                                     Activar Windows
                                                     Ve a Configuración para activa
                                                                          Ln: 59  Col: 0
```

Compras

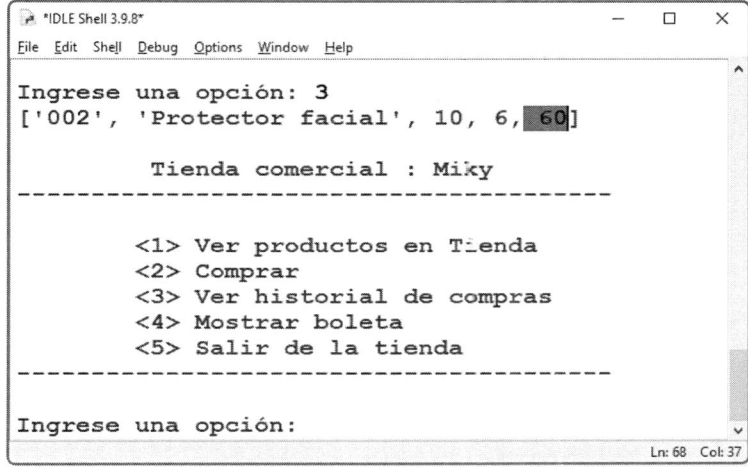

```
*IDLE Shell 3.9.8*                                    —   □   ×
File  Edit  Shell  Debug  Options  Window  Help

Ingrese una opción: 3
['002', 'Protector facial', 10, 6, 60]

          Tienda comercial : Miky
------------------------------------------

          <1> Ver productos en Tienda
          <2> Comprar
          <3> Ver historial de compras
          <4> Mostrar boleta
          <5> Salir de la tienda
------------------------------------------

Ingrese una opción:
                                          Ln: 68  Col: 37
```

Historial de compras

```
*IDLE Shell 3.9.8*                                    —   □   ×
File  Edit  Shell  Debug  Options  Window  Help

Ingrese una opción: 4

          BOLETA DE PAGO
---------------------------------------------
Código   Producto         Cantidad       Precio c/u      Total
002      Protector facial      10             6       |       60

Gracias por la compra

          Tienda comercial : Miky
---------------------------------------------
                                          Ln: 85  Col: 31
```

Solución:

Recibo de pago

```python
import pickle
def Ventas():
    global count
    count=0
    while count!=3:
        print(" \n\t Tienda Comercial..")
        print("-"*40)
        usuario=input("Ingrese código del Sistema = ")
        dic={"100":"Luis","200":"Ana","300":"César","400":"Pedro"}
        if usuario in dic:
            print(f"\n\tBienvenido Sr(a). {dic[usuario]}")
            user=int(input(" Usuario de su Estación = "))
            print("-"*40)
            if user==1:
                print("\n\t Bienvenido..., continuar ")
                menu(count)
            else:
                print(" Error en su Usuario")
                exit()
```

```python
            break
        else:
            count+=1
            if count==3:
                print(f"le quedan {3-count} intentos")
                print("Usted excedió la cantidad de intentos")
                exit()
            else:
                print(f"le quedan {3-count} intentos")
                print("Error ese usuario no existe... intente de nuevo")
    return count
def menu(count):
    print("\n\t Tienda comercial : Miky")
    while True:
        print("-"*40)
        print("\n\t<1> Ver productos en Tienda")
        print("\t<2> Comprar")
        print("\t<3> Ver historial de compras")
        print("\t<4> Mostrar boleta")
        print("\t<5> Salir de la tienda")
        print("-"*40)
        opc=int(input("\nIngrese una opción= "))
        if opc==1:
            productos()
            menu(count)
        elif opc==2:
            productos()
            comprar()
            menu(count)
        elif opc==3:
            historial()
            menu(count)
        elif opc==4:
            boleta()
            menu(count)
        elif opc==5:
            print("Gracias por su preferencia")
            exit()
        else:
            print("Error esa opción no existe... intente de nuevo")
def productos():
    print("-"*40)
    print("\t Productos en Tienda")
    print("\n\tProducto\tMascarillas\tProtector facial\tJabones\tAlcohol\tGuantes")
    print("\tCódigo\t\t001\t002 \t\t003 \t004 \t005")
    print("\tPrecio \t\tS/2.00 \t\tS/6.00 \t\t\tS/3.00 \t\tS/7.00 \t\tS/2.50")
    print("-"*40)
    return
def comprar():
    global compra
    global cantidad
    global precios
    global producto
    global costo
```

```
Arch_bin_compras.py - H:/LP_2022_OCT/Arch_bin_compras.py (3.10.1)                    —    □    ×
File   Edit   Format   Run   Options   Window   Help

    global costo
    compra=input("\n\t Ingrese código de  producto= ")
    cantidad=int(input("\t Digite la cantidad que desea: "))
    precios={"001":2,"002":6,"003":3,"004":7,"005":2.5}
    producto={"001":"Mascarilla","002":"Protector facial","003":"Jabones","004":"Alcohol","005":"Guantes"}
    costo=cantidad*precios[compra]
    arch=open('\t Tienda.txt','ab')
    lista=[]
    lista.append(compra)
    lista.append(producto[compra])
    lista.append(cantidad)
    lista.append(precios[compra])
    lista.append(costo)
    pickle.dump(lista,arch)
    arch.close()
    return
def boleta():
    print("\n\t\tBOLETA DE PAGO")
    print("-"*40)
    print("Código \tProducto \tCantidad \tPrecio c/u \tTotal")
    print(f"{compra} \t{producto[compra]} \t{cantidad} \t\t{precios[compra]} \t\t{costo}")
    print("\nGracias por la compra")
    return
def historial():
    arch=open('Tienda.txt','rb')
    historial=pickle.load(arch)
    print(historial)
    arch.close()
    return
                                                                                    Ln: 86   Col: 0
```

2.12. Estructuras dinámicas

Las estructuras dinámicas permiten optimizar los procesos que usa la memoria de un computador cuando las instrucciones son complejas. Se dice que son dinámicas porque el valor de una variable apunta a una porción de memoria para procesar un dato; después de ello, este espacio ocupado se recupera o se libera para procesar un nuevo dato.

2.12.1. Estructura pilas (LIFO)

Una pila (stack) es una estructura de datos y para la introducción de elementos usa la técnica LIFO (Last In First Out: último en entrar, primero en salir), que permite almacenar y recuperar datos.

Para su procesamiento, se debe usar el método append(), que corresponde al método de una lista.

Se puede procesar desde el punto de vista estructurado o bajo la teoría de objetos. En este caso, se hará de forma estructurada.

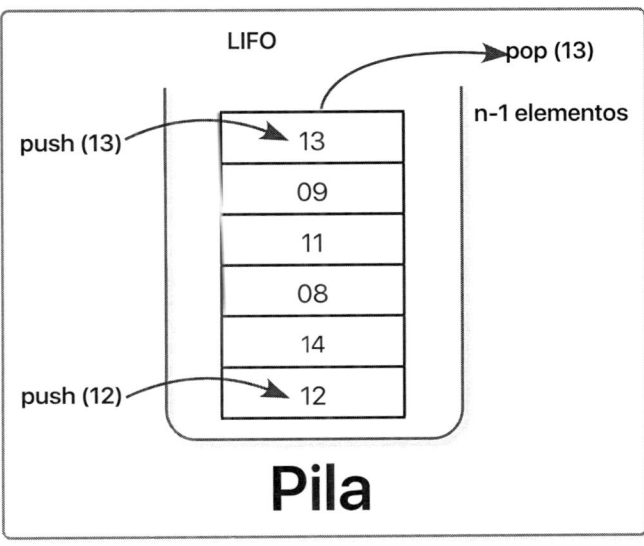

En cuanto al modo Memoria de Acceso Aleatorio (RAM), se crea en una lista con el método append().

Ejemplo:

Se crea una pila con elementos enteros en modo shell.

Solución:

```
Pila                IDLE Shell 3.10.0                    —   □   ×
                    File Edit Shell Debug Options Window Help
                    >>>
                    >>>
                    >>> print(" Apilamiento:")
                        Apilamiento:
                    >>> pila=[12,11,14]
                    >>>
                    >>> pila.append(5)
                    >>>
                    >>> pila
                        [12, 11, 14, 5]
                    >>>
                    >>> pila.append(18)
                    >>>
                    >>> pila
                        [12, 11, 14, 5, 18]
                    >>> print(" Pila = ",pila)
                        Pila =  [12, 11, 14, 5, 18]
                    >>>
                                                        Ln: 15  Col:
```

Pila = [12, 11, 14, 5, 18]

Ejemplo:

Diseñar un programa para crear una pila con notas de n alumnos; luego, hacer un reporte.

Solución:

```
IDLE Shell 3.10.1*                              —   □   ×
File Edit Shell Debug Options Window Help
              Módulo: crear Pila
        --------------------------------------
        Pc [ 1 ]=12
        Pila =  [12]

        Desea continuar...? (S/N)==>S
        Pc [ 2 ]=11
         Pila =  [12, 11]

        Desea continuar...? (S/N)==>S
        Pc [ 3 ]=18
         Pila =  [12, 11, 18]

        Desea continuar...? (S/N)==>S
        Pc [ 4 ]=5
         Pila =  [12, 11, 18, 5]

        Desea continuar...? (S/N)==>N
 Ha creado la Pila : [12, 11, 18, 5]
 Presione enter para salir
```

La integración de pilas con archivos se trata con listas y con métodos Join() y Split(). Se debe disponer de un archivo con p registros y cargar cada registro en la pila.

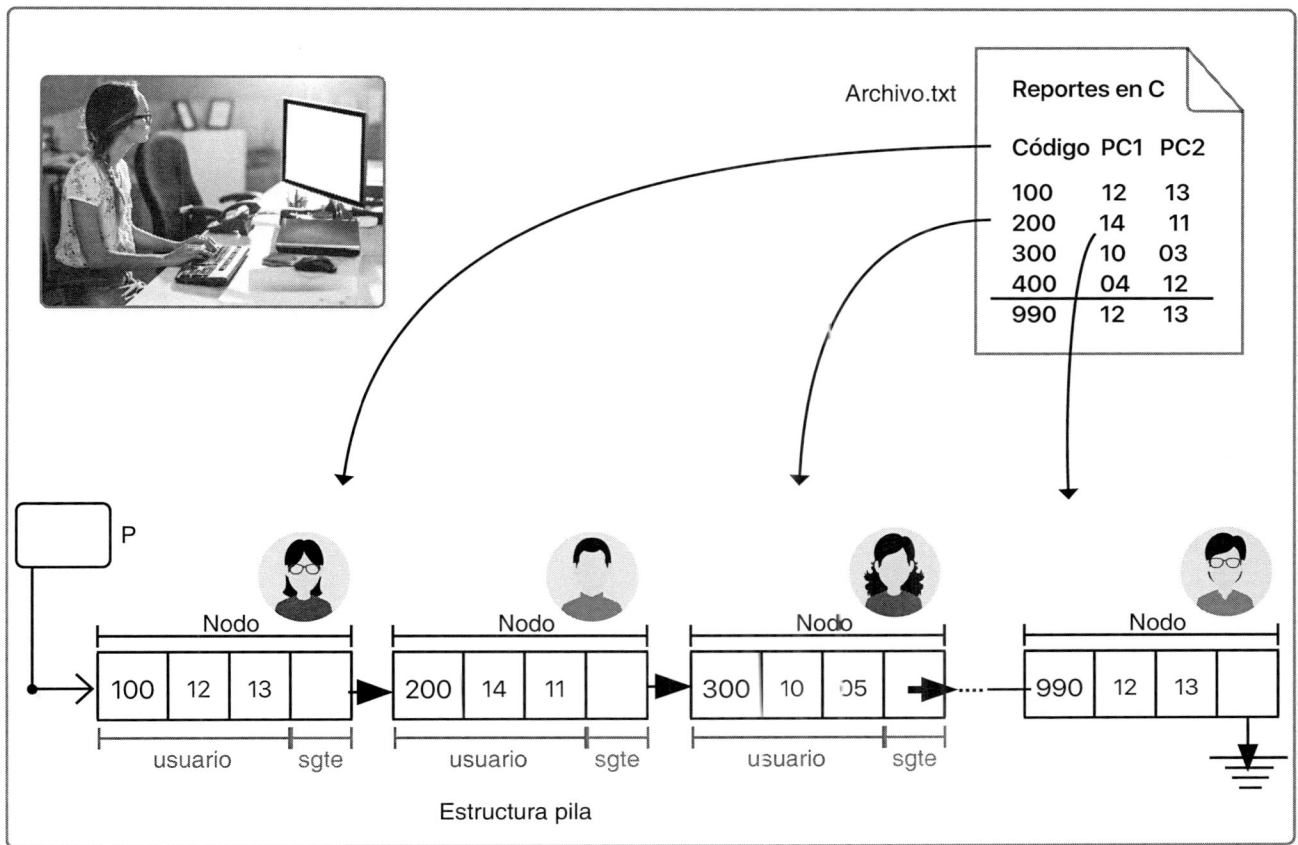

Estructura pila

Primero, se debe abrir el archivo y, luego, formar la lista con elementos registros.

```
pila_crear.py - D:/C/LPE_2017/Pilas_Colas_Python/pila_crear.py (3.10.1)    —    □    ×
File  Edit  Format  Run  Options  Window  Help

print("\n\t Módulo: crear Pila ")
print("-"*50)
pil=list()
resp='S'
i=0
while resp=='S':
    i=i+1
    print("\tPc [",i,"]=",end="")
    pc=int(input(""))
    pil.append(pc)
    print("\t Pila = " ,pil)
    resp=input(" \n\tDesea continuar...? (S/N)==>")
    if resp=='N' or resp=='n':
        print(" Ha creado la Pila :",pil)
        input("Presione enter para salir")
        exit()

                                                          Ln: 14  Col: 13
```

En la siguiente figura, se indica cómo se crean los nodos en la pila para guardar registros almacenados en un archivo.

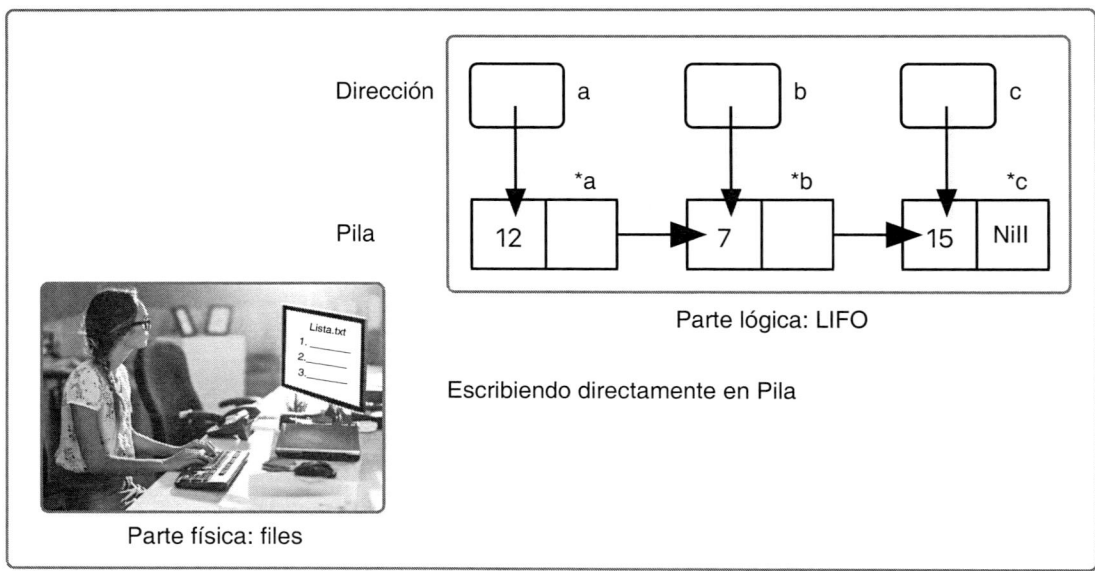

Parte lógica: LIFO

Escribiendo directamente en Pila

Parte física: files

En la figura a continuación, se muestra que, desde RAM, se puede escribir en pilas.

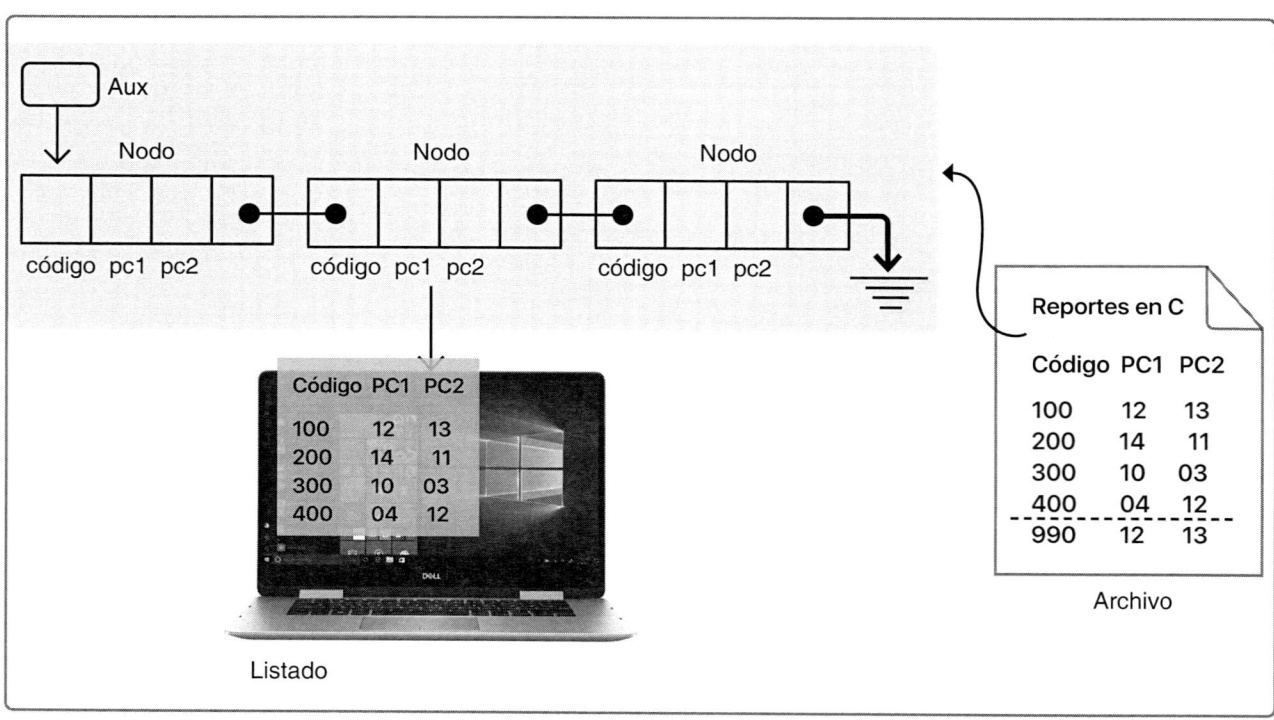

Listado

Se indica, asimismo, cómo los registros en un estado físico pueden ser almacenados en pilas y mostrados en RAM.

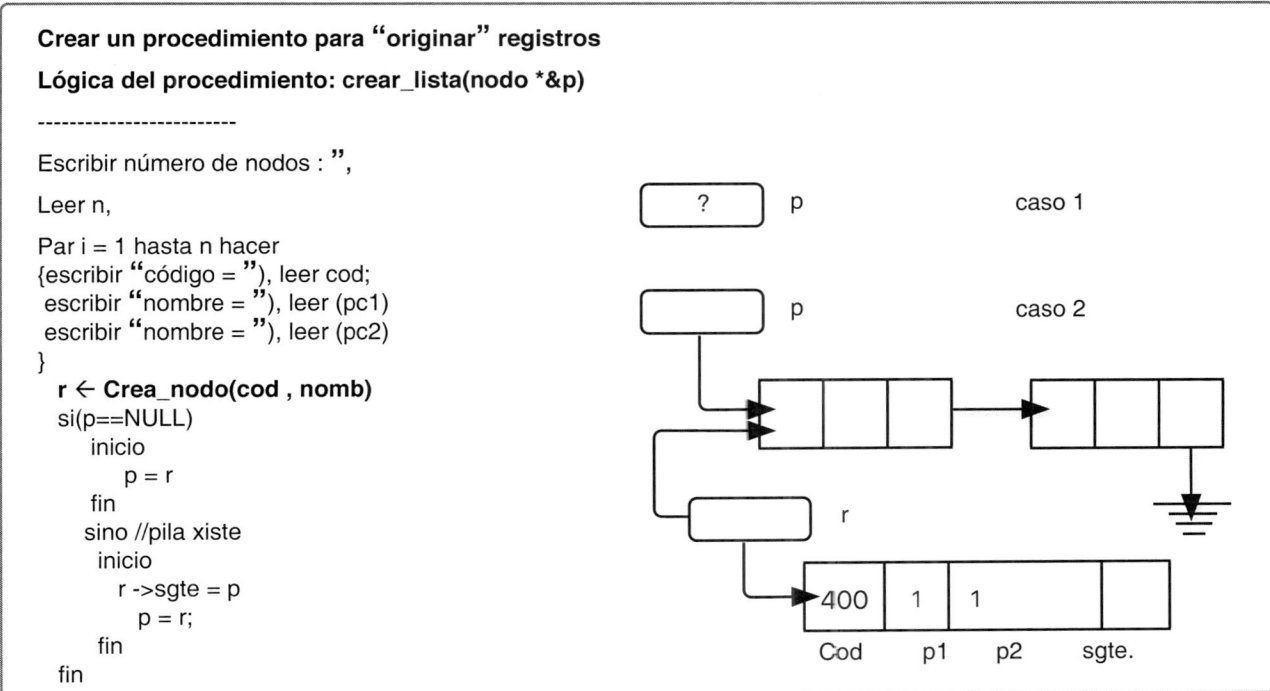

Crear un procedimiento para "originar" registros

Lógica del procedimiento: crear_lista(nodo *&p)

Escribir número de nodos : ",

Leer n,

Par i = 1 hasta n hacer
{escribir "código = "), leer cod;
 escribir "nombre = "), leer (pc1)
 escribir "nombre = "), leer (pc2)
}
  r ← Crea_nodo(cod , nomb)
  si(p==NULL)
     inicio
        p = r
     fin
     sino //pila xiste
        inicio
           r ->sgte = p
           p = r;
        fin
  fin
fin

Se ilustra, a continuación, cómo se crea una pila con n nodos con lenguajes estructurados. En la siguiente figura, se ilustran reportes desde una pila.

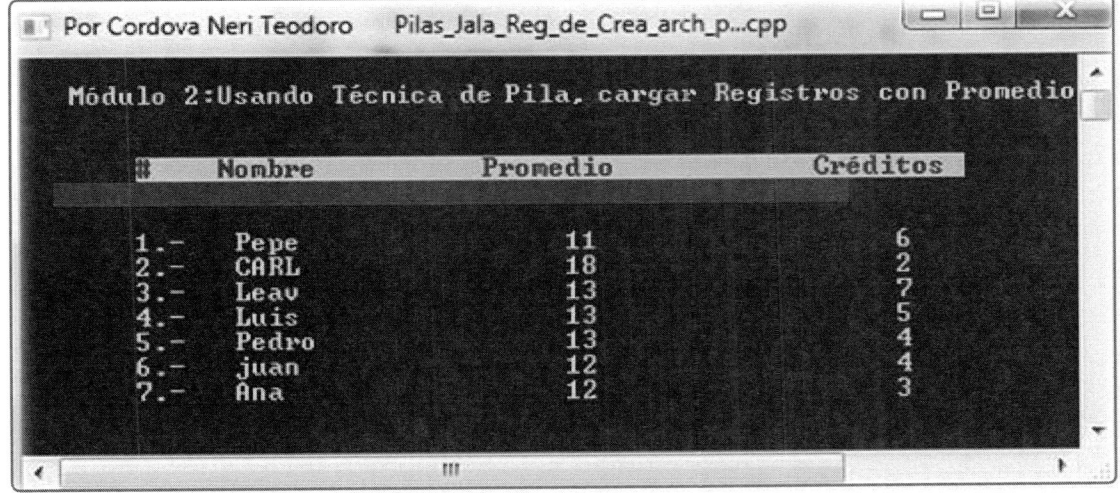

La figura ilustra una pila (lista) que usará los métodos append, extend.

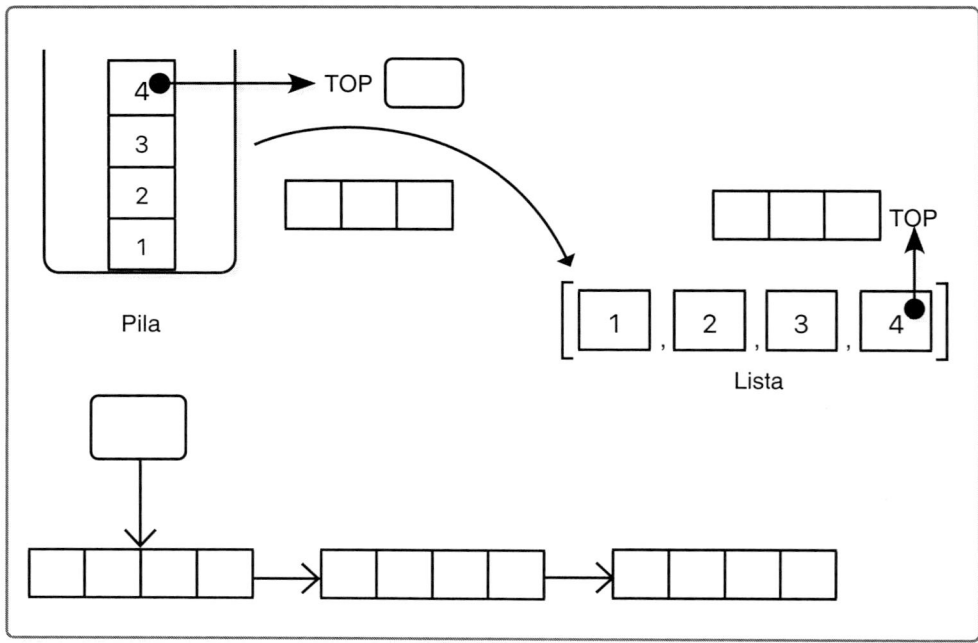

2.12.2. Estructura Cola (FIFO)

Es una estructura dinámica que permite procesar datos de una pila usando la técnica FIFO (el primer elemento que se introduzca será el primero en salir).

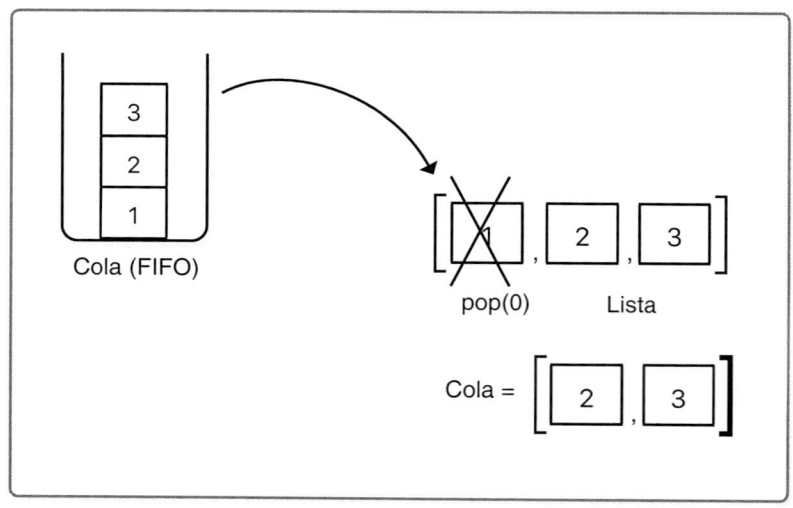

Ejemplo:

Crear un programa para sacar elementos de la lista inicializada. Usar la interfaz shell.

Solución:

```
>>> pila=[2,3,4,5]
>>>
>>> pila.appen(6)
>>> pila.append(7)
>>>
>>> print(" Pila = ",pila)
    Pila =  [2, 3, 4, 5, 6, 7]
>>> print("Sacar elementos: FIFO")
    Sacar elementos: FIFO
>>>
>>> print(" se inicia por el último en ingresar: 7")
     se inicia por el último en ingresar: 7
>>>
>>> pila.pop
    <built-in method pop of list object at 0x0000024BFFA45500
    >
>>>
>>> pila.pop()
    7
>>>
>>> pila
    [2, 3, 4, 5, 6]
>>> pila.pop()
```

Ejemplo:

Diseñar un programa para inicializar una lista con elementos; luego, aplicar la técnica FIFO para eliminar elementos.

Solución:

```
>>> print("COLAS : FIFO")
    COLAS : FIFO
>>>
>>> lista=[1,2,3,4]
>>>
>>> print(" Lista =",lista)
    Lista = [1, 2, 3, 4]
>>> print(" Aplicaré FIFO")
    Aplicaré FIFO
>>>
>>> lista.pop(0)
    1
>>>
>>> print(" Cola = ",lista)
    Cola =  [2, 3, 4]
>>>
>>> lista.pop(2)
    4
>>>
>>> print(" Cola= ",lista)
    Cola=  [2, 3]
```

Ejemplo:

Diseñar un programa para eliminar elementos de una lista inicializada.

Solución:

```
IDLE Shell 3.10.1                                           —  □  ×
File  Edit  Shell  Debug  Options  Window  Help
>>>
                Cola=  [2, 3, 4, 5]
         ------------------------------------
     Longitud =  4
                Elemento eliminado =  2

                Cola = deque([3, 4, 5])

                Sr. desea eliminar más elementos..? (S/N)S
     Longitud =  3
                Elemento eliminado =  3

                Cola = deque([4, 5])

                Sr. desea eliminar más elementos..? (S/N)S
     Longitud =  2
                Elemento eliminado =  4

                                                    Ln: 20  Col: 0
```

```python
pila.py - C:/Users/User/Desktop/pila.py (3.10.1)           —  □  ×
File  Edit  Format  Run  Options  Window  Help

from collections import *
cola=[2,3,4,5]
n=len(cola)
print(" \n\tCola= ",cola)
print("-"*30)
cola=deque([2,3,4,5])
resp='S'
while resp=='S':
    print(" Longitud = ",n)
    n=n-1
    el=cola.popleft()
    print(" \tElemento eliminado = ",el)
    print(" \n\tCola =",cola)
    resp=input(" \n\tSr. desea eliminar más elementos..? (S/N)")

                                                    Ln: 11  Col: 0
```